RESPONSES

DE IEAN DE
BEAVFORT.

MONSEIGNEVR,

IEAN DE BEAVFORT vous re-
monstre tres-humblement que par
l'vn & l'autre discours l'on peut facile-
ment iuger qu'il n'y a martyre plus grãd
au monde que la synderese de cõscien-
ce, que ceux qui se sentent coulpables
& tacitement attaints & conueincus de quelques crimes
sont semblables à Oedipe, que seneque en sa Thebaïde
fait parler en ceste sorte:

Ie me fuis, & si fuis le reproche secret
De mon cœnr, de mes yeux, de ma main, de mon ame:
Ie fuis les Dieux, le Ciel, le peché qui m'entame,
Et foulle aux pieds la terre qui souffre mon meffait.

Car par tels libelles vrais pourtraits de la crainte des officiers de finance & de leurs secrettes apprehensions, comme enemis du cœur qui leur a suggeré tels meffaits, de la
main qui les a executez, & du Soleil qui a esclairé leurs
maluersations, se prennent auiourd'huy eux-mesmes dãs
les rets de la Iustice, vaincus de l'esprit qui accuse leur vice, de la langue qui descouure leurs intentions, & du tesmoin irreprochable de leurs consciences: *Et sic prima est hæc*
vltio quod se iudice nemo nocens absoluitur.

Pour trouuer des yeux plausibles à leurs libelles ils se
plaignent en leurs exordes. Premierement, *D'auoir esté*

A

aſſaillis en tant de façons depuis pluſieurs années, qu'il ne leur peut ve-
nir aucun ſuiet d'eſtonnement ſinon quand on ceſſera de les trauail-
ler. Ce qui arriuera, dit Beaufort, quand ils commence-
ront à bien faire, & quand par Iuſtice leurs crimes ſeront
purgez, leurs vies examinees, & leurs larcins recogneus &
punis : qui ont eſté tels & tellement publiez, qu'en fin
tout leur refuge a eſté d'auoir recours à la miſericorde du
Prince, & à la voye honteuſe d'abolition : *Et ſic gratia cle-*
mentiſſimi Principis vicit vrnam. Mais, ô ingrats ! au lieu de
dreſſer à la memoire du feu Roy vn autel d'immortalité,
pour ce benefice receu, vos ſacrifices ont eſté faits & changez pour toute recognoiſſance en amertume de dol, fraude, ſurpriſe, & larcin.

La qualité donc des parties de Beaufort eſt, d'eſtre porteurs d'abolition, la mauuaiſe vie deſquels & les moyens
prompts d'obreption & ſubreption qu'on auoit à monſtrer
a fait qu'ils n'en ont iamais requis l'enterinement, comme
enemis de la Iuſtice, & leurs treſors monſtrueux les ont
diſpenſé des formes : comme ſi Pluton auoit pouuoir de
fermer le temple de Nemeſis, & neantmoins leurs vies mi-
ſerables, eſponges du ſang des innocens leur font appeler
les autres mal viuants, leur deſeſpoir deſeſperez, la ruine
qu'ils ont cauſé à vn million de familles gens ruinez : &
parce qu'ils ſont les monſtres & ſangſuës d'vn Eſtat, appellent monſtres ceux qui ont deſcouuert leurs larcins,
monſtrueux.

Ainſi les officiers de finance s'emportent iuſques aux
nues de confuſion par telles paroles, pour eſtourdir ceux
qui demandent Iuſtice, de ce que la France, ſeule ex-
empte de monſtres, a produit en eux, non des corbeaux
qui ne viuent que de charongnes, mais des corbeaux incogneus à face d'hommes, qui viuent & ſe font aggrandis de
la plus pure ſubſtance des François : Ainſi ils taſchent de
diſſipper les preuues qu'on a contre eux par menaces, ou
meſdiſance de ceux qui ſçauent leurs vies, ietter de la pouſ-
ſiere aux yeux des Magiſtrats, & faire entendre que leur

iustice.est en commerce & compromis, *En vertu des presentes pourfuittes* (comme ils disent) parce qu'ils ont reduit toutes assignations à eux addressantes en commerce, comme iuges & arbitres des deniers publics & des fortunes de tous les gens de bien. Mais ce sont grossieres exalaisons de la terre, lesquelles estant penetrees par le soleil de Iustice ne peuuent produire qu'vn peu de tonnerre qui perd son bruit & son esclat au premier rayon de lumiere qui donnera dans leurs actions, *Fides gestis rerum coherentibus explicatur*: Quand l'on considerera que les denoncez ont eu besoin d'abolitió, les plaintes de Beaufort en seront plus fauorablement receuës, & ce qu'ils opposent contre la personne du denonciateur sera prins pour vn tesmoignage de la foiblesse de leurs defences, *neganda est accusatis qui non suas, nec suorum iniurias exequuntur licentia criminandi priusquam se crimine quo premuntur exuerint.*

D'ailleurs ce n'est point la cause particuliere de Beaufort, c'est la cause publique embrassee par les Parlements & par l'assemblee des Estats, clairuoyans en la disposition des finances, occasion qu'ils en ont requis la recerche par l'establissement d'vne chambre de Iustice que le Roy leur a promise. Est ce pas donc comme les Geants s'efforcer de surprédre le ciel, & renuerser toutes les puissances celestes; que de s'opposer à ce qui a esté si meuremét resolu, genereusement pourfuiuy, & constáment demandé par ces grádes compagnies, & si sainctement accordé par sa Majesté.

C'est ce qui a fait apprehender à l'autheur de ces libelles vn desadueu, c'est ce qui a meu le corps des financiers à supprimer le nom de ceux qui font telles remóstrances: au lieu de ce que Beaufort se nóme en toutes ses actions, & en toutes ses pourfuittes. Tellement qu'il a cest aduantage de n'auoir iamais eu en teste que des autheurs inuisibles, & des parties dont les naissances & accroissements sont incogneus iusques à present: & qui, accoustumez au mal pour l'antipathie qu'ils ont auec le bien, ne peuuent souffrir la moindre recerche, doù s'ensuit que tels libelles n'ayants

point d'autheur no peuuent estre receus en Iustice, moins
encores en public ny parmy les gens de bien.

Car si c'est pour seruir à la Iustice, tout ainsi qu'il y faut
vn Iuge certain ; aussi est il requis & necessaire pour la va-
lidité des actes qu'il y ait vn demandeur & vn defendeur
certains, tous deux nommez & designez par leurs noms &
surnoms, & nonseulement ceste circonstance est requise
en tout bon iugement ; mais aussi que l'on ait vn domicil-
le certain, où l'on puisse se trouuer l'vn l'autre, autrement
tous actes sont nuls selon les loix & ordonnances. Et consequemment tels libelles manquans en la forme ordonnce,
&inseparable de la iustice, ne peuuét estre receus en icelle,
en ce que nommant le demandeur qui est Beaufort, ils ont
esté obligez nommer les defendeurs, veu que ce seroit vne
trop grande iniustice d'accuser tout vn corps de crime &
maluersation.

Si c'est pour seruir au public, bien que comme dit le
Poëte,

Il n'est à decider rien de si mal-aisé,

Que, sous vn feint habit, le vice desguisé

& que l'on accuse le peuple (confusement pris) d'im-
prudence, comme susceptible de quelque impression,
dautant qu'il y rencontre le plus souuont tant de iuge-
ments que de testes, neantmoins ayant la raison
diuinement infuse, & la discretion du bien & du mal,
les gens de bien qui ne demandent que l'esclaircissemeut
de leurs actions auront tousiours horreur que des personnes notees (telles que sont les autheurs de ces libelles) se
licencient de s'opposer à la Iustice, & à la cognoissance de
leurs deportements, pour le ressentiment qu'ils ont de se
voir enueloppez dans le blasme general, esclaues de denõ-
ciation, & mal à propos soupçonnez d'vne accusation &
poursuite publique: Estant encores vn fait non practiqué
& non ouy, qu'on se iustifie en corps, veu que les peines
sont personnelles, & ordonnees contre les autheurs seulement, sans que l'innocent puisse porter la peine du coul-

pable. Tellement qu'on peut conclurre que tels libelles
estans contraires aux loix & formes iudiciaires, ne peuuent
estre receus du public, moins encores des gens de bien.

De ce que dessus appert, que Beaufort a cest aduantage d'auoir monstré & prouué que la contestation presente est contre des gens incogneus, qui sont neantmoins trop
visibles & cogneus par leurs tresors, qui leur donnent autant de liberté en leurs paroles qu'en leurs larcins.

A cest aduantage aussi que leurs libelles par les voyes de
droict & formes ordinaires ne peuuent estre receus, & a
cest aduantage que les presentes responses estans conside-
rees sans passion, & examinees par raison, seront iugees autant pleines d'honneur & de gloire, que de proffit & d'vtilité, qui ne peuuent rapporter au Roy & à son estat qu'vn
desirable soulagement, vn reglement sainctement recherché & pcoursuiuy, & vn ordre generalement proffitable à
tous les Estats du Royaume.

Les officiers de finance publient en leurs secondes remonstrances, qu'ils n'ont iamais eu en ceste aucun enemi
capital que Beaufort, en quoy ils se trompent grandemét,
Car ce n'est Beaufort qui est leur partie, moins encores
enemy: ains tous les Parlements de France en corps, qui
sont les yeux du Royaume, & specialement celuy de Paris,
qui est le bois sainct & sacré duquel on peut figurer les
Dieux de l'Estat, tesmoin leurs sainctes remonstrances,
tant de l'annee quatre vingts dixsept à Fontainebleau, que
les refcentes du mois de May six cents quinze. Mais encores ce ne sont les Parlements seuls, ains les trois ordres
dont est composé tout le Royaume, les plaintes desquels
par vn concours & vnité d'opinions, ont esté si vrgentes,
publiques & religieuses, qu'ils ont obtenu de la propre
bouche du Roy, l'establissemét d'vne chambre de Iustice:
Ce ne sont encore les trois ordres de l'Estat, mais tous les
Princes en general, auec tous les officiers de la Couronne, tous se plaignans des larcins faits de leurs recom-
pences, gratifications & pensions : des compositions

qu'ils font contraints faire pour en receuoir vne partie: des
remifes, deftours & renuoys iufques à ce qu'ils ont contri-
bué à leurs auarices & à leur feintes intentions & defguife-
ments. Confiderez donc,ô financiers, eftant. rentrez dãs
le cabinet de vos fecretes penfees, & examen de vos actiõs,
combien d'enemis vous auez, fi tant eft que tous ceux qui
font enemis du vice, foient enemis des vitieux & mal vi-
uãs,& par ainfi s'il eft raifonnable que tous ceux qui defcou
urent & pourfuiuent en Iuftice quelque crime public,qui
concerne & touche le bié de l'eftat,la liberté,& l'vtilité des
fubiets du Royaume, foient appellez enemis capitaux de
ceux qui les ont rendus, non efclaues, mais miferables.

Pour vous faire voir cefte verité, & cognoiftre l'effect de noftre principe, remettez vous deuant lès yeux
que n'auez autre enemi capital que vos confciences, &
non Beaufort; d'autant que c'eft le bourreau qui inuifible-
ment vous tranfit & confomme, de ce que Beaufor vifible-
ment, & au veu & fceu d'vnchacun fait fes pourfuittes felon les formes de la Iuftice. Ce qui feruira de refponfe à
tous les auant-propos, & iniures gliffees dans vos remonftrances.

On fçait que comme les cieux fe mouuent par les in-
telligences, fuiuant le dire des Philofophes; ainfi tous les
Eftats fe fouftiennent & conferuent par les ames de la Iuftice & des finances.

La Iuftice; pour donner l'efprit d'obeïffance aux ames
mal-reglees, les conferuer au feruice du Roy, & dans les
bornes de la vertu, par l'efpoir de recompenfe, ou par les
apprehenfions de la peine, en rendant à chacun ce qui luy
appartient, car par elle le Roy eft maintenu en fes Cou-
ronnes, & tous fes fubiets en repos,en paix & felicité.

Les finances; pour eftre la marque de la grandeur du
Royaume,la terreur des ennemis, & le fleau des feditieux,
parce que le Roy par fes finances, eft paifiblement confer-
ué en fon Eftat, conftãment aymé de fes fubiets, & redou-
té de fes voifins alliez & confederez. Or tout ainfi que la

Iuſtice a ſes officiers diſtints, & ſeparez en iuriſdiction &
enpouuoir; le meſme ſe void & s'obſerue au fait des finances, bien que diuerſement, d'où s'enſuit que comme ce ſeroit vne choſe abſurde & digne de blaſme, s'il y a quelques
particuliers au fait de la Iuſtice qui ayent forfait en leurs
charges, de voir des remonſtrances ſous le nom general du
corps, pour couurir les meffaits des particuliers : le ſemblable peut-on dire des finances, qui ont autant d'offices &
diuers corps que celuy de la Iuſtice, en ce que ce ſeroit vne
choſe non pratiquee, de blaſmer vn corps ſi ſainctement
creé & ordonné, pour des membres pourris qui peuuent
offencer la vie & l'eſprit de tout l'ordre, qu'il eſt plus expedient d'extirper & retrancher, que perdre le corps en general.

Ce ſont donc auiourd'huy les officiers de finance, qui
enemis de la verité ſe plaignent des denonciateurs, &
veulent accuſer de calomnie, ceux qui veritablement les
deferent d'auoir pillé les deniers publics, fait des partiz de
la plus pure ſubſtance de la Nobleſſe & du peuple : chan-
gé & corrompu l'ordre de la Iuſtice, ruiné les ſubiets du
Roy, brigué les iugemens pour diuertir & interrompre les
condamnations, renuerſé l'ordre des finances pour mettre tout en deſordre, & par des terreurs paniques & iniures recherchees deſtourner les preuues, appellât ceux qui
ſçauent leurs vices calomniateurs, perdus, inſtruments de
la miſere & calamité d'autruy, comme s'ils ſe pouuoient
purger par la meſdiſance : mais leur conſolation eſt, que
la ruze ordinaire des meſchants conſiſte en l'oppreſſion des
accuſateurs; afin que par telles intimidations, ils rompent
les regles ordinaires, & leur vie demeure incognue dans
la confuſion de leurs hypocrites negociations.

Venant dôcques aux poincts des remonſtrances, comme le vice eſt pere d'effronterie & d'impudence; auſſi les
autheurs des libelles en ſuitte de leurs memoires diſent,
Que par importunité & contre la forme de la Iuſtice, la Chambre fuſt
eſtablie eu l'an mil ſix cents ſept, par le feu Roy Henry le Grand d'heu.

Reductiõ
de la pre-
miere re-
monſtran-
ce.

reuſe memoire, mais que telles chambres erigees pour deſtruire leſdits officiers de finance, ont eſté reuoquees, tant par ce que la raiſon
a fait ceſſer, ce que l'importunité auoit fait eſtablir à leur preiudice : qu'auſſi telles pourſuittes conſiderees attentiuement, furent trouuees de tres-dangereuſe conſequence, attendu que ce qui
auoit eſté fait par bonne raiſon durant les guerres, ſelon l'exigence
des affaires, eſtoit reuocqué en crime & faulſeté : & qu'il n'y auoit
homme ſi iuſte qui ne fuſt opprimé ſi on examinoit ſes actions ſelon la forme des denonciateurs. Ce qui induiſit ſa Maieſté ſur les
plaintes deſdits officiers, de reuocquer ladite chambre de Iuſtice, &
par l'Edict du mois de Septembre audit an mil ſix cents ſept, abolir
toutes les fautes, crimes & maluerſations qui pouuoiët eſtre impu-
tees auſdits officiers, notamment les faulſetez qui leur eſtoient im-
poſees, & generalement tous actes concernants leſdites finances,
ſans rien excepter que le ſimple de quatre cas, ſçauoir, obmiſſion
de recepte, erreur de calcul, faulſe repriſe, & double employ.

Motifs de
la ſeconde
remonſtrā-
ce. Ce ſont les termes dont ils vſent. Quant à la ſeconde,
à la verité leſdits officiers de finance taſchent à ſe rendre
plus plauſibles par quelques conſiderations, images en apparence fauorables pour paruenir à vne deprecation, mais
eſtans neantmoins attentiuement balancees, elles ſeront
iugees ſi legeres, de ſi peu de force & d'energie, qu'elles ſeront reiettees comme diſcours des anges de tenebres,
inuentees pour tenter les foibles, ou côme ſymboles d'hy-
pocriſie pour fermer les yeux à la Iuſtice, & obtenir par
compaſſion, ce qu'on ne peut auoir par raiſon.

Car premieremēt ils diſent, *Que ladite chambre a eſté reuo-
quee par le feu Roy, à l'inſtante priere & interceſſion de la Royne mere de noſtre Roy, iugeant que par le cours de nature elle do-
uoit ſuruiure, afin de luy acquerir de tant plus la bienueillance d'vn
ſi grand nombre d'officiers, & l'obliger dauantage à maintenir
vne loy qui auoit eſté faite à ſa priere, qui fut la forme du deſ-
ſein de la reuocation de ladite chambre.*

*Que ladite abolition venant de la main d'vn tel Prince, portāt
ſon nom, & partant de ſon authorité, eſt vne loy eſcritte qui doit
eſtre ſaincte & inuiolable à vn chacun, ſans qu'il ſoit beſoin de repreſenter*

preſenter les raiſons ſur leſquelles elle a eſté fondee.

Que ſachant au vray comme les choſes s'eſtoient paſſées, il eſtoit rigoureux de faire porter aux coulpables la peine des deſordres que la confuſion des troubles de ce Royaume auoit produit, & que ſi on enfonçoit telles recherches, il falloit appeller à garand les ordonna-teurs, comme autheurs du mal.

Que pendant le bruict des armes il falloit remettre beaucoup de la ſeuerité des loix.

Que comme la raiſon en vne Republique, auſſi le Prince en vne Monarchie eſtoit l'ame de la loy: mais que la raiſon eſtoit la guide & la conduite du Prince, & que c'eſtoit elle qui donnoit le traict à chaque choſe, & la moderoit ſelon les temps, les lieux & les perſonnes.

Que toutes recherches n'eſtans pas de ſoy autrement fauorables, celles qui retrogradoient bien arriere, l'eſtoient encores moins, &c.

Ce ſont les principaux motifs par leſquels leſdits officiers de finance veulent conclurre, que toutes les faulſetez & maluerſations par eux commiſes aians eſté abolies, & eſteintes par la reuocation de la Chambre, & abolition generale à eux accordee, paſſee en force de loy: que conſequemment il n'y a ſubiet ny apparence de reprendre l'ouuerture de ſemblables recherches.

Ce que leſdits officiers de finance confirment peu apres en ladite ſeconde remonſtrance, quand ils diſent, *Que le Roy a voulu tellement abollir toutes leſdites faulſetez, que pour en oſter les traces, elle caſſa & annulla toutes pourſuites & procedures tant ciuiles que criminelles, faites eZ Chambre Royalle & de Iuſtice; enſemble tous arreſts & iugemens ſur ce interuenus.*

Que ſi l'on a fait gliſſer dans les declarations des annees 607. & 609. la reſtitution du faux & double employ, c'eſt vne ſur-priſe faite à ſa Maieſté, au preiudice du contract ſi ſolennellement paſſé entre luy & ſes ſubiets, voire au preiudice de ſi ſoy: Vertu qui l'auoit rendu arbitre de toute la Chreſtienté. Et conſequemment que leſdites declarations ne pouuoient nuire ny preiudicier auſdits officiers de finance.

Par ces motifs, les officiers de finance veulent taſcher

B

à perſuader, que ſi le Roy a preiugé par ſon abolition, qu'il n'y auoit lieu de demander iuſtice exemplaire de leurs peculats & larcins, à plus forte raiſon maintenant ledit Beaufort doit eſtre declaré non receuable.

Mais pour reſpondre briefuement auſdites obiections, & faire voir au publiq comme les officiers de finance coulpables ſe trompent grandement, en leurs ſuppoſitions.

Premierément ils ſont coniurez de ſe remettre deuant les yeux la cauſe formelle de leur pretendue abolition, & ſe repreſenter comme dans vn miroüer les moyens hôteux qu'ils ont tenu pour y paruenir, & conſequemment à la reuocation de ladite Chambre, qu'ils appellent en leurs ſecondes remonſtrances, *Contract paſſé auec ſa Majeſté.*

Beaufort demeure d'accord que ladite abolition a paſſé en forme de contract, en ce que le reuocation de ladite Chambre de Iuſtice, contenant ladite abolition, auroit eſté accordee moyennant vn million de liures ; tellement que l'or & l'argent ont eſté les clefs ſcandaleuſes qui ont ouuert les portes à telles lettres, & empeché vne plus exacte & profonde ſpeculation, pourſuitte & cognoiſſance de leurs peculats, faulſetez & larcins : ainſi ſous le nom d'abolition, on void pluſtoſt vne forme de conuention qu'on a paſſee auec le feu Roy, d'heureuſe memoire, qu'vne abolition : parce qu'en vertu dudit prix certain, leſdits officiers de finance ont rachetté leurs fortunes, leurs vies & leur honneur, ſans lequel ladite abolition ne s'en fuſt enſuiuie.

Par ceſte abolition, tous les procez meus ſur les accuſations & denonciations veritablement faites contre leſdits officiers de finance ont eſté eſteincts & aſſouppis : à ceſt effect toutes les charges, informations & procedures remiſes au greffe du Conſeil, comme il eſt exprimé par ladite ſeconde remonſtrance : circonſtances ſur leſquelles l'on peut conclurre l'execution dudit contract, paſſé ſous le mot d'abolition, qui emporte conſequemment confeſſion de leurs crimes & larcins, ainſi qu'eſt deſertement decidé en la loy

In caufis.ff. de iure fifci. en la loy *non damnatos. C. ex quibus cau-
fis infam.irrog.* & infamie , *quia gratis licet remittere iniuriam non
pretio accepto.*

Le docte Theodoret en la queftion premiere fur le Le-
uitique,où il traitte la difference des facrifices, dit que ceux
qu'on auoit accouftumé d'offrir pour le peché eftoient *fine
thure & oleo,quod careant alimento lucis qui fedent in tenebris pec-
cati, nec odore bono præditi fint qui nequitiæ fœtorem pofteris velin-
quunt.* Auffi vos facrifices,ô financiers,ont eu befoin, non de
l'encens propre aux ceremonies de l'Eglife, mais du baume
du temps,pour donner quelque bonne odeur à vos actions,
& iouyr de l'huylle de doulceur & de clemence de voftre
Roy par le luminere, non du Soleil flambeau de l'Vniuers:
mais du foleil mineral que vous auez tiré de fes facrez tré-
fors par l'artifice de vos entendemens.

Suppofé donc pour fondement que l'or & l'argent,
comme le refuge d'impunité, le paffe-partout du monde, l'exil de la Iuftice, pere de corruption, marque de perfidie, & l'aliment de malice, ont efté l'encençoir & la
lumiere qui a donné le premier eftre audit contract & pretenduë abolition. Il eft certain que tout ainfi que la Iuftice comme doulce mere a toufiours les portes ouuertes de
fon temple, pour receuoir la plainte de ceux qui iniuftemét
font offencez, furprins & circonuenus, conformemét aux
loix des Romains, & fainctes ordonnances de nos Roys,
qui ont creé des Iuges pour reftituer toutes perfonnes qui
ont efté deceuz,trompez & lezez, foit en partie ou de moi-
tié de iufte prix,fuiuant la qualité du fait & des perfonnes:
auffi à plus forte raifon auiourd'huy le Roy, pere & protecteur de ce temple de Iuftice, doit eftre receu à fe plaindre
de ladite circonuention, voire en rechercher vne punitió
exemplaire comme d'vne perfidie commife par fes propres
fubiets & officiers, enuers leur Souuerain, leur Roy & Bié-
facteur.

Car la lezion & furprife eft nonfeulement manifefte:
mais le dol, fraude & larcin defdits officiers comptables,

qui ont traicté & contracté auec sa Majesté , tellement verifié , que Beaufort fera voir que ledit côtract, sous le nom
d'abolition , est nul & de nul effect , & ne peut seruir que
de conuiction ausdits officiers de finance coulpables.

Et pour preuue de ce , premierement sera iustifié que
dudit million de liures promis à sa Majesté par lesdits officiers de finance , pour la reuocation de ladite Chambre de
Iustice , sans lequel ladite abolition ne s'en fust ensuiuie , il
n'est entré en ses coffres en deniers clairs cent mil liures , &
neantmoins qu'il a esté imposé douze cenrs mil liures : non
que Beaufort vueille s'informer des secrets du Prince , ny
entrer en la cognoissance & speculation de ses liberalitez ,
sçachant bien qu'il ne faut legerement penetrer dans le secret des Dieux : mais pour faire cognoistre comme ils ont
encores en ce subiet rapporté vn grandissime proffit par les
compositions , qui sur ce ont esté faites , contre les sainctes
intentions du Roy , & au preiudice du traicté qui est nonseulement vne lezion monstrueuse , mais vne ouuerture
de tres pernicieux exemple & dangereuse consequence.

Outre ce , que tous les plus grands officiers comptables
qui sont denoncez par Beaufort , se sont liberez & exemp-
tez du payement de leurs taxes , pour en charger iniustemét
les officiers innocens , les vefues & les orfelins , qui est pro-
prément parler , *Ex turpißimo & insolenti lucro animum & ani-
mam damnare , regnum & rempublicam prostituere , pauperem fla-
gellare , in ipsius iustitiæ sacratissimo templo tyrannidis circum insti-
tuere , & in illo impunitatis altare , & anchoram tanquam peccan-
di illecebram cingere.* Et consequemment que ladite pretenduë abolition est nonseulement odieuse & sans exemple ,
mais rend lesdits officiers de finance coulpables , indignes &
incapables de s'en pouuoir iamais seruir.

En second lieu , c'est vne abolition en cognoissance de
cause , laquelle estant prinse à la rigueur de la lettre ne sera
entenduë que *de expreßis* , *nam ad substantialia omissa non ex-
tenditur rescriptum.* Or en l'abolition n'est faite aucune spe-
cification du simple de faux recellé à sa Majesté , comme
irremissible :

irremiſſible : auſſi que tels crimes cōmis ſur les deniers ſacrez du treſor publiq eſt ſi excecrable, que c'eſt choſe ſans
exéple que telles lettres puiſſent paſſer auſeau cōſequem-
ment comme ſubrepticement obtenuës & pourſuiuies ne
peuuent ſeruir aux officiers de finance coulpables : conſideré que quand ainſi ſeroit, que par ſurprinſe ou importunité elles euſſent eſté ſellees, les Procureurs generaux
empeſcheroiēt formellement l'enregiſtrement & verification, tant pour la reſtitution des droiᴄts du Roy & exemple publiq, que pour l'importance du crime de faux, ainſi
qu'il a eſté fait par Monſieur le Procureur general de la
Chambre, ſuiuant les proteſtations par luy faites à la verification de l'Ediᴄt pour le ſimple des faux employs.

Mais tout ainſi que nos Roys ont acquis le tiltre de Tres-
chreſtiens pour auoir eſté les fideles obſeruateurs & ſince-
res protecteurs de la religion Catholique, auſſi ont-ils ſuc-
cedé au nom de Iuſtes, comme ayans regné par la Iuſtice,
& vrayement recogneu auec Pindare, qu'elle eſt la royne
des mortels & immortels.

A ce propos le ſage Homere nous a laiſſé par eſcrit que
les Princes & les Roys ont receu de Iupiter, comme en de-
poſt, les ſainᴄtes Loix & droiᴄts ſacrez, qu'ils appellent θί-
μιςαι, pour monſtrer qu'ils ſont non ſeulement les peres &
conſeruateurs des loix, mais qu'ils ſe doiuent prendre garde, voire enioindre à leurs officiers, que la Iuſtice ne ſoit
aucunement alteree, ny leurs ordonnances enfraintes par
quelque cauſe & pretexte que ce ſoit.

Les anciens Roys d'Ægypte, comme recite Diodore,
faiſoient iurer leurs Iuges à leur reception & inſtallation,
que quand ils ordonneroient quelque choſe iniuſte, ils ne
la verifieroient & executeroient à peine de priuation de
leurs charges.

Le Roy Antiochus III. eſcriuit aux villes & Iuges ſou-
uerains de ſon obeiſſance, que s'il leur mandoit de faire
quelque choſe qui fuſt contraire aux loix, ils n'y obeïſ-
ſent, comme capables de iuger, s'il auoit eſté circon-

uenu en l'expedition des lettres. Or les officiers de
finance coulpables, doiuent confiderer que nos Roys ont
encor en plus grande eftime leur confcience, l'obferuation de la Iuftice, & entretenement de leurs loix, que ces
Payens : auffi par plufieurs ordonnances ont-ils voulu, &
enioint à leurs officiers aux crimes ou affaires d'importance, de n'auoir aucun efgard aux lettres qui feront obtenues
& impetrees par importunité & contre le droict : à plus forte raifon, celles qui font pourfuiuies, *per fordes*, comme la
pretéduë abolition des officiers de finance, ainfi que Beaufort a reprefenté cy deffus. Tellement que pour conclurre ce poinct, *pofito*, que l'abolition foit receüe, ce qu'elle ne
peut par les raifons fufdites, il s'enfuit qu'il y a lieu de pourfuite côtre lefdits officiers de finance coulpables, pour ledit
fimple de faux recelé à fa Majefté, pour n'eftre comprins en
icelle en quelque forte & maniere que lefdits officiers de
finance le puiffent entendre & interpreter, & confequemment que telle abolition feruant pluftoft de côuiction que
de iuftification, ne doit empefcher qu'il ne foit paffé outre
à la preuue des denonciations contre eux faites, & à faire.

Or lefdits officiers de finance, apres la reprefentarfon de
la force de leur pretenduë abolition en leurs premieres
remonftrances fe plaignent de Beaufort, de ce qu'au preiudice d'icelle il a donné fa requefte, aux fins qu'en atten-
dant vne Chambre de Iuftice promife par fa Majefté à la
requifition des Eftats generaux, pour ne laiffer deperir
les preuues il foit receu à denoncer grandes & notables
fommes du fimple recellé par faux employz paffez és côp-
tes rendus par plufieurs des principaux receueurs comptables, dont les inftructions fe feront aux fins ciuiles feulement.

Ils fe plaignent auffi que toutes chofes ont efté faites & practiquees par Beaufort contre tout ordre de Iuftice, & contre les formes. Il promét donc auiourd'huy
non feulemét vne exacte obferuation de l'ordre Iudiciaire,

mais vne ʃuitte curieuʃe des formes de la Iuʃtice, & faire
voir aux autheurs des libelles & au general de la France,
que ʃes denonciatiõs ʃont conformes à l'intention du Roy,
aux loix de tout temps obʃeruees & ordonnances du Royaume.

Mais tout ainʃi que les officiers de finance coulpables
ont fait imprimer des libelles diffamatoires ʃous le tiltre
ʃpecieux de remonʃtrances, contre Beaufort, pour le
rendre odieux à Dieu, au Roy, & à la Iuʃtice, il eʃt obligé pareillement de faire imprimer ʃes iuʃtes defenʃes, pour
faire voir au publiq qu'il eʃt fort homme de bien, les motifs de ʃa requeʃte, les raiʃons qu'il a en ʃes legitimes pour-
ʃuites, auʃquelles conʃiʃte le ʃubiet de ʃa denonciation, &
reʃpondre aux friuoles paroles & obiections des parties,
leʃquelles en general ʃe peuuent reduire en deux chefs,
meʃmes en ce qui touche les premieres remonʃtrances.

Le premier, que les officiers de finance ʃont fondez en
abolition, ainʃi que dit eʃt, par laquelle les faux employz
ont eʃté couuerts & abolis, le Roy s'eʃtant reʃtrainct à la recherche de quatre cas, tellement que la denonciation de
Beaufort, n'eʃtant deʃdits quatre cas reʃeruez, il eʃt non
receuable.

En ʃecond lieu, que quand il y faudroit receuoir pour
denonciateur ledit Beaufort, il ne doit eʃtre ouy, parce que tous les acquits ont paʃʃé entre ʃes mains, qu'il a peû
retirer les bons & en mettre induʃtrieuʃement de faux, au
moyen dequoy non receuable, à tout le moins ʃans bailler
caution.

Outre leʃquelles obiections, à l'imitation des bons ora-
teurs, pour conclurre que foy ne doit eʃtre adjouʃtée, ils
s'attaquent à ʃa perʃonne, diʃant que c'eʃt vn delateur
infame, qui n'a autre contentement que le dommage d'autruy, que c'eʃt vn deʃeʃperé qui n'a rien à perdre, inteʃtable
enuers les hommes qui font profeʃʃion de probité, bref qui
a fait banqueroute à Dieu, & à ʃoy meʃme.

Ce ʃont les tiltres & qualitez deʃquelles l'on veut hon-

noter Beaufort en ces beaux libelles, mais l'autheur d'i-
ceux quiconque soit, qui fait semblant de rechercher fi
curieufement les formes de la Iuftice , ne les obferue
pas luy mefme ; parce que la premiere maxime de droiĉt
eft, de cotter le nom & furnom des parties, leurs qualitez
& domicilles, comme dit-eft: C'eft pourquoy par difpofition de droiĉt vn libelle ambigu qui eft le principe de l'a-
ĉtion,eft declaré nul. A ce fubiet Beaufort demande à l'autheur ou aux officiers coulpables qui ont baillé les memoires pour dreffer telles inueĉtiues, qui les a enfeignez de vo-
mir contre luy malicieufement lefdites iniures, dont ils le
calomnient. Quel aĉte, quelle accufation , quel decret
ou fentence portant infamie peut-on employer & produire contre luy & les fiens pour fernir de preuue ? *Nulla enim
lege vnquam licuit,indiĉta caufa quemquam damnare, ne iuftitia in
iniuriam vertatur, & nocentium & innocentium par fit conditio.*
En quoy la confolation de Beaufort fera de fe reprefenter
le dire de l'Empereur Theod. *Si opprobrium ex lenitate procef-
ferit,negligendum ; fi feruore & infamia,condolendum ; fi ab iniuria,
remittendum:* Donc fi Beaufort eft infame en la bouche des
mechans , c'eft vn tefmoignage que fa vertu & fon coura-
ge eft recogneu en la bouche des bons, qui luy rendront
toufiours les louanges que peuuent meriter vne fi genereu-
fe, vtile & profitable refolution, & l'affifteront en vne fi
fainĉte deliberation, pour la conduire à fon heureufe fin à
la confufion des mechans, confolation des bons, foulage-
ment du peuple, repos de l'Eftat, & gloire du Royaume.
Et ce qui confole Beaufort , c'eft que puis que fa reputation eft telle enuers les officiers de finance coulpables,
ils fe doiuent refiouyr , de ce que puis qu'il eft fi miferables
ble comme ils l'eftiment , il n'entreprendra & n'atten-
tera à la corruption des Iuges , ne recherchera grace
ny abolition pour fes mesfaits, comme lefdits officiers
de finance; ains viura content en fa petite fortune , & en la
gloire de faire voir à tout le monde la verité de fes denonciations.

Beaufort

Beaufort dõc somme les autheurs des libelles de se nommer auec leurs adherans, pour voir & iuger s'ils ne sont personnes plus infames & inteftables que luy , autrement requiert que telles iniures soient reiettees , & tels libelles
fans nom, lacerez & biffez. *Leges enim malos erui iubent non
abscondi , confessos damnari præscribbunt non absolui, hoc Senatuf-
consulta , hoc Principum mandata , hoc Imperij placita definiunt.*
Sur quoy Beaufort proteste d'implorer le foleil de Iuftice,
pour diffiper tous ces nuages que les financiers ont causé
pour couurir leur mauuaife administration , les faire reco-
gnoiftre pour ce qu'ils sont, & les pourfuiure à la rigueur
des ordon. Ce que feruira de refponfe à toutes les iniures.

Venant donc aux obiedions contenues tant aux premieres remonftrances, que aux raifons des fecondes, auãt
qu'y refpondre, ledit Beaufort fuppofe quatre fondements
infaillibles.

Le premier, que dans les trois corps des Eftats generaux
affemblez en ladite ville de Paris, on n'a veu deputé de pro-
uince, qui n'euft fon cahier remply des demandes, & iuftes
requifitions contre les larcins & maluerfations commifes
au fait des finances, pour monftrer comme les plaintes publiques des prouinces, marques infaillibles de la voix du
peuple, & confequemment de Dieu, font iointes & vnies
aux legitimes pourfuites de Beaufort : Ce qui auroit occa-
fionné fa Majefté, qui comme le Soleil, eft pere commun
à tous fes fubiets, & qui regarde les chofes, non les perfonnes, d'accorder & promettre aufdits Eftats vne Chambre de Iuftice.

Le fecond, qu'il faut qu'on demeure d'accord, cõme
generalement les denonciateurs de tout temps ont efté receus aux Eftats & Republiques bien ordonnees, voire re-
compenfez par l'inftitution de la loy Papia : & fpecialemẽt
en ce Royaume , où ils ont efté ouys, non feulement aux
maluerfations qui fe commettent au fait des finances, mais
aux abus faits en la police : ainfi qu'appert par les ordõnan-
ces de Charles I X, chap. 3. Aux vfures, où ils ont le quart.

D

Par les ordonnances de Philippes I V. en l'an 1311. & Loys
XII. en l'an 1510. Aux monnoyes, par l'ordonnance de
Henry II. en Nouembre,1548. Henry III. à Poictiers,en
Septembre, 1577. Et specialement aux crimes de peculat,
& de faux, comme sacrileges & larcins les plus dangereux
d'vn Estat; par les ordonnances de François I. en Mars,
1545. De Charles IX. à Villiers-Costerest, le 8. Aoust,1566.
où se void par expres que les officiers de finance ayant atté-
té contre vn denonciateur, nommé Antoine Ioulet, pour
empecher le cours de la Iustice sur ses denonciations, sa
Majesté en son Conseil auroit condamné tous les officiers
de finance en corps solidairement, en trois cents mil liures
enuers sa femme & enfans, au cas qu'il arriuast faute de la
personne dudit Ioulet, outre laquelle ordonnance, le feu
Roy d'heureuse memoire, reçoit tous denonciateurs, par
sa declaration particuliere du 28. May, 1597. Par Edict de
l'establissement de la Chambre de Iustice, du mois de Ianuier,1607. & plus particulierement encores par lettres patentes du 25. Octobre; 1609. & par la declaration du Roy,
du 8. Aoust, 1611. Tellement que Beaufort ne peut estre
reietté, tant comme cy deuant receu en la Chambre de Iustice, que comme denonçant de nouueau en vertu desdites declarations, arrests de la Chambre des Comptes & du
Conseil, aussi que sa vie & ses actions ont esté si curieuse-
ment recherchees, que si ses enemis y eussent trouué quelque subiet de plainte par corruption de tesmoins ou autrement, il y a long temps qu'il eust esté ruiné, & les presentes poursuites esteintes, tesmoin la plainte prattiquee &
recherchee de Bouuot contre iceluy Beaufort, sur laquelle
d'vn an & dauantage l'on n'a peu trouuer tesmoins pour
obtenir vn decret, dont sera cy apres parlé.

Le troisiesme fondement sera pris de ce que quand ainsi seroit, ce que non,que la vie de Beaufort fust deplorable,
eo ipso, qu'il a publiquement denoncé,tout Iuge est obligé
d'informer exactement du fait de sa denonciation, voire en
cas de conniuence contraindre le Procureur de sa Majesté

d'affister la pourfuite pour l'intereft publiq, fuiuãt l'ordon- *faulfeté des denõ-ciations.*
nance de François I. en l'an 1514. foit pour faire le procez
aux denoncez, ou pour le chaftiment du denonciateur.

Le quatriefme fondement fera pris de ce qu'il eft cer- *4.*
tain & indubitable, que la Iuftice & la verité font tellemẽt *Que les lettres d'abolitiõ font ob-reptices.*
relatifs, qne l'vn ne peut eftre fans l'autre, tellement que fi
la verité manque a quelque effeđ de Iuftice, l'acte non feulement eft nul, mais de pernicieux exemple, c'eft l'occafiõ
que par la difpofition de droiđ ciuil & canon, toutes lettres & refcripts du Prince obrepticement & fubrepticemẽt
obtenus, font nuls & de nul effeđ : donc fi l'on doit eftre
veritable aux effeđs de la Iuftice, à plus forte raifon à ceux
où la clemence & mifericorde viennent à violenter & opprimer les regles de la Iuftice, parce qu'on ne peut pardonner que les chofes humblement & veritablement requifes,
entant que la loy n'a autre guide que la verité. Car fi les
premieres femences que la nature nous a diftribuees, font
la picté, la vertu, & la verité, il ne faut eftre tellement obfti-
né en la fuitte de l'impieté & du vice, que par effeđs contraires, d'abord l'on donne la cognoiffance d'vne hypocrifie & diffimulation, d'vne malice deliberee, & d'vne ingratitude refoluë, afin que l'on ne foit declaré defcheu de
la grace & du benefice receu.

Venant donc à la premiere obieđion, les officiers de *Responfe aux obie-ctions.*
finance qui n'ont autre refuge qu'à l'ignominie de leur a-
bolition, difent que le fimple recelé de faux employz, &
faux acquits, eft veritablement compris en icelle, & confequemment Beaufort non receuable.

C'eft donc maintenant que Beaufort refpondant à ladite obieđion, veut faire voir premierement, que les officiers de finance n'ont iamais obferué les formes de la Iuftice, que le crime de fimple de faux, (quand ainfi feroit que
l'abolition auroit lieu) n'y peut eftre comprins en quelque
forte & maniere que lefdits officiers de finance le puiffent
prendre & interpreter.

Pour preuue du premier chef, par l'ordonnance de Loys

Finãciers
n'ont ia-
mais ob-
ferué les
formes de
Iuſtice.

XII. de l'an 1498. eſt dit, que tous porteurs d'abolition, remiſſion & pardon ſont tenus de preſenter leurs lettres en iugement, pour en eſtre fait lecture en leurs preſences teſte nuë & à genoux. Or au lieu de ce faire, qui ſont ceux d'entre les financiers qui ont particulierement declaré ſe vouloir ſeruir de l'abolition ? *Nam beneficium non datur inuito.* Apres, qui ſont ceux d'entre eux qui ſe ſont volontairemét deferez, declarez, & fait les reſtitutions portees & conte-nues aux declarations des annees ſix cents neuf, & ſix cents vnze, donc ſi les officiers de finance, ont meſpri-ſé l'effect, la force, & l'energie de ladite abolition, & les delaiz contenus eſdites declarations, pourquoy au-iourd'huy la Iuſtice veut elle authoriſer leur deſobeïſſance? Pourquoy fauoriſer leur ingratitude, authoriſer leur meſ-pris, & donner quelque exemple d'impunité? Pourquoy au preiudice du Roy, bien de l'Eſtat, & reglement de la Iuſtice, on veut introduire vne nouuelle forme, exempter leſdits officiers de finance coulpables de la preſentation & verification de ladite abolition, & leur faire plus de grace qu'ils n'ont requis? Au moyen dequoy à bonne & iuſte cauſe Beaufort ſouſtient que puis que leſdits officiers de finance n'ont declaré ſe vouloir ſeruir de ladite abolition, ne ſe ſont preſentez en Iuſtice à genoux ſuiuant ladite or-donnance pour l'entherinement d'icelle, & n'ont volon-tairement fait les reſtitutions ſuſdites. Qu'ils en ſont non ſeulement indignes, mais doiuent eſtre entierement deſ-clieus de la grace d'icelle, ſuiuant leſdites lettres patentes du 8. Aouſt, 607. & 25. Octobre, 609. & la pernicieuſe con-ſequence & ouuerture que ce ſeroit à tous criminels. D'où s'enſuit que le procez leur doit eſtre fait & parfait, tout ainſi qu'auparauant ladite abolition.

Aboli-
tions gene
rales nul-
les.

C'eſt vne maxime indubitable que les abolitions gene-ralement conceües pour crimes particuliers & perſonnels, ſont nulles & de nul effect, tant par ce que l'excez & vice du meſchant demeure couuert ſous l'innocence des bons, auſſi que le Roy ne peut ſçauoir par telles lettres generales

à qui

à qui il a pardonné, ny quels crimes il abolift, & les Cours de Parlement en ces rencontres fe contentent de verifier nuëment les lettres. Cela a efté tefmoigné par l'enregiftrement d'abolition, dont eft queftion, fait en la Cour de Parlement à Paris, duquel appert comme la Cour ordonne fimplement la publication & enregiftrement des lettres: mais ne dit pas pour en iouyr par les officiers de finance, ny à quelles perfonnes elles font vtiles, parce que les crimes eftans perfonnels, il eft raifonnable que chacun fçache & recognoiffe auec la grace fpeciale du Roy, celle de la Cour, & c'eft comme ladite abolition peut feruir de quelque grace en general à tous les officiers de finance: mais de droict, quand quelqu'vn en particulier eft denoncé, c'eft à luy s'il recognoift auoir delinqué, de demander & fupplier la Cour de le receuoir à jouyr du benefice d'abolition, pour apres eftre iugé fi c'eft vn des faits compris en icelle, ou non. Car à toutes fins la denonciation eftant veritable, toufiours le denonciateur gaigne fon quart, à luy attribué par les ordonnances & lettres patentes de fa Majefté, afin qu'il refte quelque caractere de punition du mal, & foit vn doux chaftiment pour feruir d'exemple & de terreur à l'aduenir de ne rechoir en femblables fautes: le denoncé eftant affez recompenfé d'eftre exempt de la peine & des amendes par le benefice d'abolition.

Et pour preuue de ce, l'abolition des financiers n'eft plus priuilegee que l'Edit d'Amneftie publié apres les troubles, & neatmoins fi quelqu'vn fe trouué auoir delinqué, ou fait tort à fon prochain, il eft mis en Iuftice, & s'il fe veut feruir de l'Edict, remonftre que c'eft vn fait aboly, & la partie aduerfe dit fes raifons au contraire, & fait fes pourfuites en la forme ordinaire & prefcripte. Or fi tel ordre iudiciaire s'obferue contre vn Edict general d'Amneftie, fera-t'il dit auiourd'huy que les portes de la Iuftice foiét fermees contre les peculats & larcins des financiers? Que la Iuftice qui eft la pierre la plus precieufe des Royaumes, le fondement

E

de la paix, le repos du peuple, le trefor & l'appuy de la ci-
té, l'heritage des hommes, la colomne de verité, la terreur
du méfonge, & l'image de la beatitude: foit l'azille des me-
chants, le manteau des perfides, le refuge des criminels, &
le recours de ceux qui ont ouuertemét pillé leur patrie, l'E-
ftat & le Royaume ? Non non, ô financiers, donnez du
luftre à vos actions tant qn'il vous plaira, voftre hypocrifie
fera toufiours iugee mere de tyrannie, nourrice de milere,
& caufe efficiente de pauureté : l'on y recognoiftra à l'ex-
terieur les plumes d'vn Paon, mais confiderant vos extra-
ctions, vos origines, voftre proceder, vos confciences, l'on
n'y trouuera autre chofe que du terreftre, le vice caché
fous l'apparéce de vertu, des maifons efleuees des defpoüil-
les des particuliers, comme le champignon en vn matin,
& en fin vne corneille d'Horace qui volle par les plumes
d'autruy.

Il faut donc conclurre qu'il eft expedient, que parmy la
clemence il y ait quelque efpece de feuerité & de luftice, a-
fin que le Prince foit plus fainctement recogneu, le Royaume regi & adminiftré auec plus de candeur & de fidelité :
& les crimes enemis de vertu chaftiez & punis. Car defen-
dre la recherche des crimes, c'eft approuuer qu'ils fe doiuét
commettre fi on ne les chaftie eftans commis, c'eft flatter
les mefchans au lieu de les gourmander, & comme mau-
uaifes plantes les trancher en leur racine. *Regat difci-
plinæ rigor manfuetudinem & manfuetudo ornet rigorem, & fic al-
terum commendetur ab altero, vt nec rigor fit rigidus, nec manfuetudo diffoluta*, difoit fainct Gregoire.

Monfeigneur le Chancelier a fait voir au public pour
exemple, comme ces abolitions generales font inutiles,
ayant defiré que l'abolition qui fut accordee par fa Majefté
en faueur des habitans de la ville de Languonne en Viua-
rets, accufez de quelques mouuemens contre les habitans
de la ville de Pradelles, fut expediee, non fous le nom du
fyndic, bien que ce fut ville contre ville, & que toute la
communauté eut participé au mal : moins encore fous le

nom des manans & habitans, mais sous les noms particuliers de tous ceux qui auoient assisté à l'acte & participé à
l'excez. A cest effect l'abolition a esté expediee sous les
noms & surnoms de plus de soixante, pour l'entherinemēt
de laquelle tous en simgulier ont esté cōtraints se presenter
en la Cour de Parlement de Thoulouze, où estans en estat,
apres auoir declaré qu'ils s'en vouloient aider, auroient esté
punis en amendes plus ou moins, suiuant les plaintes, ac-
cusations & informations produittes.

Or pourquoy donc, ô financiers, n'obseruez-vous les
mesmes formes ? Pourquoy ne declarez-vous vos noms,
vos crimes, en vos abolitions, puis que par ce defaut on les
argue de nullité & de surprise ? Pourquoy voulez-vous
violenter l'intention du Roy, opprimer la Iustice de son
Conseil & de ses Parlements, faute d'obseruation des ordonnances, & vous dire subiets du Roy, & ne suiure les loix
de son Royaume ? Pourquoy ne voulez vous distinguer le
iuste & l'iniuste ? Pensez vous qu'on restablisse pour recompense de vos crimes vne nouuelle Iurisprudençe ? A la
verité pour la cognoissance de vos nouuelles ruzes, artifices, palliations, desguisements, & larcins publics auec les
peines conuenables, vn nouueau tiltre y seroit necessaire,
pour estre le mal au dernier degré, & seroit exercer en vous
vn acte de Iustice, & non vous opprimer, rendre au Roy
& au public vn signalé seruice, & laisser à la posterité vne
marque d'immortalité, & en cest acte verirablement se re-
cognoistroit la distinction qu'il y a entre la clemence & la
Iustice. Car l'vne nous est donnee par la loy de nature exercee & pratiquee par les Roys, Princes, & Souuerains, mais
l'autre vient de la main de Dieu, & exercee par les Magi-
strats qui font les yeux du Royaume, pour monstrer que
l'vne vient de la terre, mais l'autre du ciel, & consequemment qu'elle ne peut apporter que la liberté du corps : mais
la Iustice distribue à chacun ce qui luy appartient, pour la
recognoissance du Roy, satisfaction du publiq, & restitutiō
de l'iniure & dommage fait à autruy.

E   ij

Resp. à la premiere obiection. Donc ces fondements generaux ainsi establis, Beaufort respond à l'obiection, que l'allegation de ladite abolition, n'est vne fin de non receuoir, pour les nullitez susdites, aussi qu'il y grande difference entre vne abolition & vne chose iugee : Car en droict, à la verité, *Exceptio rei iudicatæ dicitur peremptoria ob vim & authoritatem rerum iudicatarum.* Mais que vne abolition ait la force d'vne chose iugee, la pratique en ce n'en est encores receüe en ce Royaume, tant parce que ce seroit en fraude du Roy, que contre l'ordre iudiciaire, qui permet aux parties d'alleguer & prouuer les moyens d'obreption & subreption suiuant les ordonnances, & consequemment telle obiection, comme absurde, non receuable.

Que le simple de faux ne peut estre comprins en l'aboli- tion. Reste donc le second chef de l'obiection, qui est de prouuer comme le simple de faux ne peut estre comprins en l'abolition, moins estre legitimement aboly, & consequemment monstrer qu'en quelque sorte & maniere qu'on puisse prendre l'abolition, ne peut seruir aux officiers de finance.

Pour l'intelligence de ce second chef, faut entendre que c'est que simple de faux, & simple recelé, les choses estans mieux entendues & comprises par leurs definitions.

Le simple de faux donc s'entend des deniers simplemēt prins à sa Majesté, dont elle s'est simplement reseruee la recherche & restitution. Et le simple recelé est de tous deniers retenus qui deuoient directement entrer és coffres de sa Majesté, les autres n'estans reputez simple, dautant qu'ils appartiennent aux particuliers assignez & interessez.

Simple de faux ne peut estre aboly. Or ledit simple de faux s'appelle proprement peculat, qui se prend generalement pour tout larcin de la finance du Roy & sacré tresor publiq, lequel crime est si important que les autheurs en sont punis exemplairement comme sacrileges, & non seulemēt les autheurs, mais voire tous ceux qui ont sciemment aidé & participé ausdits larcins, suiuant les ordonnances de Charles VIII. & François I. C'est pourquoy ne s'abolit iamais, ainsi qu'a esté sainctement & prudem-

prudemment tefmoigné par ledit feigneur de Sillery, au facre du Roy à Reims, où il prohiba de receuoir aucun criminel au benefice de la grace, qui s'accuferoit d'vn crime de faux, à plus forte raifon du crime de peculat.

Les Romains l'ont auffi obferué fuiuant la conftiturion de Valentinian l'Emp. en la loy *Fallaciter. §. fin. C. de abol.* où il eft dit notamment que, *Abolitio non datur in violata Majeftate, patria oppugnata aut prodita peculatos admiffo, & facramentis defertis.* La raifon eft, parce que le crime de peculat, eft fouuent la premiere caufe & le genre de tous les autres crimes, d'autant que fi le crime de leze Majefté ne s'y trouue au premier chef, il s'y rencôtre indirectement au fecôd chef: c'eft à dire, que le larcin des deniers publiqs, eftant vn crime de leze Majefté diuine comme facrilege, *Sacrum enim effe ærarium Principú nemo ambigit.* Il eft encores vn crime de leze Majefté humaine, entant que tels larcins & fubftractions de deniers caufent le renuerfement de l'Eftat, la diuifion des fubiets, la ruine & defolation des peuples, & en fin la defobeiffance & rebellion à leur Souuerain, qui eft vn crime de leze Majefté.

Outre ce, lefdits officiers de finance ne peuuent defnier qu'ils ne foient officiers de Roy, & comme tels qu'ils n'ayent prefté le ferment de bien, fidellement, & loyallement feruir le Roy en fes finances, d'obferuer les ordonnances, & les loix du Royaume fur ce faites, au preiudice duquel ferment ayant commis mille faulfetez & larcins, s'énfuit qu'ils font non feulement attaints dudit crime de peculat, mais de pariures infames & deferteurs de leur ferment & confequemment indignes d'abolition.

Auffi les Docteurs tiénent cefte maxime pour l'horreur du crime de peculat & de faux, que *In generali abolitione peculatus & falfi crimen nunquam comprehenduntur, vt Modeftinus, in l. Lucius. ff. ad turpill.* L'Empereur Theodofe, *in l. 3. C. de Epifc. aud. & fel. in cap. inter dilectos. colum. 4. num. 6.*

Non que Beaufort vueille reftraindre les bras & la puiffance de fa Maiefté & donner des borhes à fa clemence:

Car il n'ignore pas que c'eſt l'Aſtre fauorable qui le guide &
conſerue en ſon Royaume, qu'il vaut mieux pardonner
que punir, que c'eſt le feu & la chaleur naturelle qui ſecon-
deremét donne la nourriture à ſes ſubiets. Mais auſſi il re-
preſente qu'il eſt expédient de ſe prendre garde, *Ne nimia*
clementia ſit alimentum ſceleris. Nam clementia niſi intra nocen-
tium pœnas ſe oſtentet, fit ſæua crudelitas. Au moyen dequoy,
quand ainſi ſeroit que l'abolition auroit lieu pour ce crime (ce qui ne peut eſtre) iamais on n'a veu encores en
France abolition eſteindre la reſtitution & l'action, *Re-*
petundarum & de reſiduis, & ſpecialement ce qui a eſté
fait, & commis depuis l'abolition, dautant que telle
recherche eſt ſi priuilegee, *quæ tranſit in hæredes*, & ſe
peut pourſuiure iuſques à la quatrieſme generation, par
ce que le Roy, le publiq, & les particuliers y ſont in-
tereſſez. La raiſon en eſt renduë par le *Iuriſc. Vlp. in le-*
ge quod diximus. §. fin. de eo quod mer. où il dit, que *quod tur-*
piter & ſcelerate quæſitum eſt, ad compendium hæredis non debet
pertinere. Et le docte Theodoret le confirme, quand il in-
terprete ce paſſage de l'Exode, *Patres comederunt vuam acer-*
bam, & dentes filiorum obſtupuerunt. Au moyen dequoy en
quelque ſorte & maniere que les finãciers le puiſſent prendre iouyſſans de la grace, ſont touſiours obligez à la reſtitution, & par la loy de Dieu, & par la loy des hommes.

La Chambre meſme l'a auſſi ſainctement preiugé, non-
obſtant la precedüe abolition, tant au fait de Garrault, que
contre du Tremblay, les ayans condamnez à la reſtitution
du ſimple de faux : ainſi que plus amplement a eſté iuſtifié
par Beaufort en vn autre petit traitté fait ſur ce ſubiet.

Reſponſe
à la der-
niere ob-
iection.
Reſte donc ſeulement la derniere obiection, par laquelle leſdits officiers deffinance diſent, que Beaufort ne
doit eſtre ouy, parce que tous les acquits ont paſſé entre ſes
mains, qu'il a peu retirer les bons, & en mettre de faux, &
conſequemment non receuable.

Mais Beaufort pour la preuue de la negatiue employe la forme de proceder du Conſeil : car premierement le feu Roy

ayant recogneu l'importance & la verité de ses denonciations, pour estre fidellement examinees & sincerement recherchees, luy ordonna pour Commissaires, Monsieur le
President Ianin intendant de ses finances, vray Radaman-
te incorruptible en Iustice, pere & protecteur des loix du
Royaume, en la presence duquel tousiours ledit Beaufort
a veu les acquits, ou en son absence, en la presence de Monsieur Dreux lors Procureur general en la Cambre, ou de
Monsieur de Niuelet Auditeur des comptes, Commissaire
deputé par ladite Chambre pour exiber par ses mains les
acquits contentieux audit Beaufort.

Apres, ledit sieur President Ianin, ne pouuant ordinai-
rement vacquer à telle recherche, Messieurs de Villega-
gnon, de Royssi & Merault tous Conseillers d'Estat, Maistres des requestes ordinaires de son Hostel, trois luminai-
res de ceste venerable compagnie, par lettres patentes ex-
press.s de sa Maiesté, furent ordonnez pour Commissaires
en ladite recherche de simple de faux, en la presence desquels, ou de l'vn d'iceux, les acquits ont esté tousiours re-
presentez audit Beaufort, ou bien à l'assistãce desdits sieurs
Procureur general & Niuelet : tellement que d'entrer par
les financiers en ceste opinion d'alteration ou change-
mẽt d'acquits en la presence des demi-Dieux du Conseil,
ce seroit vn crime exemplairement punissable : *Nihil enim
in tali honore temeraria cogitatione presumendum est*, comme di-
soit l'Empereur Theod. Cest pourquoy Beaufort ne fera
plus ample response à la susdite obiection, *Quidquid enim ex
inuidia dicitur, veritas non putatur*, & se contentera de conclurre les presentes respontes sur les premieres remonstrances auec vne sentence d'Arnobe *aduersus gentes*. *Dicimur
sceleratissimi & vos quia dicimur eruere minime curatis, ergo aut
eruite si creditis, aut nolite credere quia non eruistis.*

Quant aux secondes remonstrances, ores qu'elles soient
faites d'autre air, & par autre esprit que les premieres, com
me ayans en apparence des conceptions plus releuees : si
est-ce que la verité estant la main droicte de l'Orateur, la

Response
aux secon
des remõ-
strances.

raiſon & la loy ſes aiſles , & le bien publiq ſa fin , & tels diſcours eſtans contraires à la verité , repugnant à la loy & liberté publique , fera cognoiſtre qu'il y a du fiel dans le miel
de telles parolles , & plus d'aigreur que de douleeur dans
l'ame de celuy qui les a conceües.

L'eſprit de l'homme bien qu'il n'aye point de bornes en
ſon eſtenduë , & le bien dire ores qu'il aye quelque eſpece
d'authorité Royalle , ſelon Platon , veu qu'il entreprend la
ſuaſiue de ce qui eſt des appartenances de la Iuſtice & du
gouuernement publiq , ſi eſt-ce que la verité eſt l'eſprit qui
doit animer ſon dire , & viuifier l'ame & le cœur des audi-
teurs , afin que les conceptions n'en ſoient iniuſtes , & ne
ſoient iugees eſtre plus autoriſees de la paſſion , que de la
raiſon .

Il eſt certain que Dieu monſtre l'exemple aux Roys , d'a-
doucir pluſieurs fois la rigueur des loix , & qu'il eſt expediét
aux Monarques , Princes & Souuerains d'vſer de clemence
pour s'accommoder aux loix de la natute & charité Chre-
ſtienne . Que le feu Roy pour faire cognoiſtre les effeéts
de ſa debonnaireté , & qu'il eſtoit plus humain que rigoureux obſeruateur de ſes loix , comme Dieu fait ſouuent des
miracies par l'interceſſion des ſainéts ; auſſi à la priere de la
Royne ſa fidelle compagne , & l'ange du Royaume , fit vn
miracle en l'abolition des financiers , en leur donnant la
vie au lieu qu'ils meritoient la mort , en les deliurant des
cheſnes de ſa Iuſtice , au lieu qu'ils en eſtoient non ſeulement eſclaues , mais ſubiets à mille tourments & ignomi-
nies .

Ces crimes ont touſiours beſoin de couuerture & de
refuge : auſſi les financiers eſtoient neceſſitez obtenir pardon de leurs larcins par telle interceſſion , comme la plus
preſſante enuers le Roy. Mais , ô impudents , au lieu de rendre graces immortelles à Dieu , au Roy , & à la Royne , auec
toute ſorte de ſubmiſſion , d'humilité , & de reuerence , Eſt-
ce à vous de pallier vos crimes par telle raiſon ? *Afin de luy
acquerir* , dittes-vous , *la bienueillance d'vn ſi grand nombre d'officiers ,*

ficiers, & l'obliger dauantage à maintenir vne loy qui auoit esté fai-
te à sa priere. O ingrats! comme si le vice se pardonnoit
pour acquerir vos bienueillances. Entendez-vous par ces
paroles donner de la crainte au Roy, qui vous a esleuez &
rendus tels que vous estes ? A la verité vous tesmoignez
que la trop grande misericorde se conuertit en misere, à celuy qui l'exerce auec excez, & que le Roy en pardonnant
trop n'adoulcit les vices, mais les aigrit : car il n'y a rien qui
rende moins vn homme excusable, que d'auoir esté souuët
excusé : & neantmoins auiourd'huy vous vsez de menaces.

Mais on vous demande, Estes vous subiets ou libres ?
Estes-vous liguez, partisans ou mal-contens ? Estes-vous
amis, alliez ou confederez de la Couronne ? Car pour acquerir vos bienueillances côme subiets & non libres ; vous
deuez naturellement obeissance, vos vies & fortunes à vostre Roy : & encores nonseulement comme-subiets, mais
comme officiers obligez par serment particulier d'exploit-
ter toutes sortes d'œuures recommandables pour le bien
de son seruice, soulagement de ses subiets, & aduancemêt
de son Estat & chose publique. Or si vous estes liguez partisans ou mal-contens, on n'a besoin de vos bienueillances, car au contraire la bienueillance du Roy enuers
vous & le publiq sera vous bailler des Iuges pleins d'inte-
grité & de candeur pour faire vostre procez, non pour vos
peculats & faulsetez seulement, mais comme criminels de
leze Maiesté, sçachant que toutes ligues & coniurations
contre son Roy, son Souuerain & bienfacteur, tombent au
crime de leze Maiesté au second chef.

Mais si desirez vous monstrer estrangers, & traitter le
Roy comme amis & confederez, à cause des grandes ba-
ronnies, seigneuries & palais qu'auez acquis de ses propres
deniers, en recompense d'auoir fait vn miracle en vous,
qui est de vous auoir donné l'honneur, & la vie, sorty de la
poussiere de vos estres, & de petits vermisseaux incapables
d'offense, releuez comme des petits Cresus, dont vos enfans

G

tanquam ingentes videntur trepidare Tytos, à cauſe des grands
honneurs & qualitez à vons liberalement conferees pour
paroiſtre par deſſus l'ordinaire. En ce cas, la bienueillance exemplaire du ʀoy ſera veu qu'au lieu d'Anges de
lumiere fauorables, vous eſtes changez en demons de tenebres pernicieux, & crocodiles pleurans pour deuorer,
vous reduire à voſtre premier eſtre, & comme des Phaëtõs
& Icares inſolens, fondans vos aiſles aux rayons du Soleil
de Iuſtice, vous ſubmerger dans l'abiſme de vos crimes.
Car croyez, ores que quelques vns penſent auoir eſchapé
le chaſtiment, & que la vengeance de Dieu ne ſoit tombee
ſur leurs teſtes, ſi eſt-ce pourtant qu'elle vient en fin, & les
autheurs payent les peines deües à leur meſchef, ou en leurs
perſonnes, ou en celles de leurs enfans. Conſiderez qu'il
faut toſt ou tard, d'vne façon ou d'autre, que le peché ſoit
noyé dans le ſang ou la mort du patient, puis que par là il a
tant preiudicié au publiq, & à la Iuſtice: ayez donc recours
dereſnauant, ô financiers, à la miſericorde & bienueillance de voſtre Roy, & ne ſoyez ſi impudens & preſomptueux
de vous imaginer que le Roy face quelque choſe pour la
fin ou le bien de vos bienueillances, parce que de tout têps
elles ſont recognues ſemblables aux careſſes du chat, qui
par faueur mord & eſgratigne ſon maiſtre.

Vous dittes apres, que *voſtre abolition venant de la main
d'vn tel Prince eſt vne loy eſcritte, qui doit eſtre ſainℭe & inuiolable à vnchacun, ſans qu'il ſoit beſoin de repreſenter les raiſons
ſur leſquelles elle a eſté fondee.*

A la verité on peut dire & nommer heureux, & plus que
heureux le ſubiet qui ſe rend ſubiet aux plus ſeueres loix
d'vn Eſtat, pourueu que ce ſoit pour l'amour de ſon Prince: mais encores dauantage tres-heureuſe la Republique
& Monarchie qui rencontre des ſubiets obeïſſans aux loix
ordonnees à ſa vocation. Car ceſt vne aℭion naturelle
de porter reſpeℭ & obeiſſance à la loy, tant parce quelle eſt
l'image du ſuperieur duquel elle eſt partie & nous oblige à
ce quelle contient que pour eſtre la marque de la vo-

lonté expreſſe de celuy qui nous peut commander, ou pour le moins la regle qui nous guide au ſentier de noſtre deuoir. Conſideré que la loy bien entenduë a principalement ceſte proprieté d'auoir eſté donnee de Dieu, & ſuiuie des hommes pour ſeruir d'ordre aux actions humaines, à ce qu'elles ne ſe forlignent de la raiſon, & par ainſi ne ſortent de l'eſtre de l'humanité pour paſſer en la qualité & denomination brutale. Ainſi veritablement nous diſons que toutes les operations de la vie vegetatiue ou ſenſitiue qui s'exercent en nous ſans l'entremiſe de la raiſon, ne peuuent eſtre dittes actions humaines, ſi nous voulons parler en termes propres, puis que telle appellation ſe doit prendre de la plus noble & principale partie qui ſoit en l'homme, & laquelle nous fait differer de tout autre animal.

La loy donc a ſon origine de la raiſon & de la volonté du Prince, que ſi elle ſe fait cognoiſtre en l'homme, & en la negociation des affaires par la parole, auſſi peut elle faire le meſme par l'entremiſe des actions : de ſorte que comme la loy nous eſt donnee pour executer ce qu'elle preſcrit, auſſi obeïſſons-nous à la loy quand nous executons le contenu par la raiſon & force du commandement. Que s'il eſt vray que la parole peut reſtreindre, alterer & interpreter la loy, entant qu'elle luy eſt donnee pour mettre en euidence les conceptions de la raiſon, & les mouuemens les plus internes de l'homme, auſſi ce meſme changement luy peut arriuer de la part des actions de l'homme, principalement lors qu'elles ſont tellement multipliees, que par vne dangereuſe habitude viennent à diminuer la force & l'effect de la loy.

Il faut donc que ie vous monſtre, ô financiers, que voſtre abolitiõ ne ſe peut appeller loy, ny loy qui oblige, ny loy eſcrite, puis que ſi ſouuét vous prenez impropremét voſtre abolition pour vne loy. Car premieremét la loy eſt vn don de Dieu, le decret des ſages, la regle des republiques, guide des citez, le chaſtiment de ceux qui ſciemment contreuiennét

& derogent à la loy:& la recompenſe des bons:ce qui ne ſe
trouuera en l'abolition. Car toute grace & abolition eſt
vn don & benefice du Prince, marque de la ſouueraineté, le
refuge des criminels, l'image de deſobeïſſance, le caractere de ceux qui ont volontairement contreuenu à la loy, le
ſymbole de Iuſtice, & le teſmoignage d'vn feu d'amour de
ſon Prince pour la conſeruation de ſon ſubiet, qui veut
par clemence eſteindre la rigueur de ſa faute, pour la rendre capable d'amendement, & par ainſi ne pouuez donner le nom de loy à la grace qui vous diſpenſe de la rigueur
de la loy.

Apres la loy eſt generale, propre & cōmune à tout l'E-
ſtat d'vn Royaume, receüe par les ſubiets, authoriſee &
conſeruee par les Magiſtrats: l'abolition au contraire parti-
ticuliere, qui regarde ſeulement les indiuidus eſclaues du
peché & de la Iuſtice qui comme tels preſentent leurs lettres à genoux, pour par ce degré d'humilité & confeſſion
litterale de leurs crimes, jouyr de la liberté promiſe par leurs
lettres: auſſi quand il y auroit lieu de donner aux abolitiōs
le nom de loy (ce que nom) touſiours ne peuuent prendre
ceſte denomination, *niſi ex poſt facto*, c'eſt à dire, qu'elles
n'ayent paſſé par les formes ordonnees, & par la pierre de
touche de la Iuſtice. D'où ſe peut manifeſtement conclurre, que les officiers de finance mal à propos donnent le nom
de loy à leur abolition. Et qu'au contraire veritablement
on peut dire que leur chaſtiment & recherche doit eſtre v-
ne loy inuiolable au Prince, à tout le moins iuſques à l'entiere reſtitution.

Vous dittes apres, ô financiers, *Qu'il n'eſt beſoin de repre-*
ſenter les raiſons ſur leſquelles voſtre abolition eſt fondee: Et que
ſi on enfonçoit telles recherches, il falloit appeller à garand les or-
dinateurs.

Meſſieurs, vous permettrez qu'on vous die que toute
perſonne qui eſcrit, faut qu'il ſoit memoratif des allegatiōs
precedentes, afin que les diſcours ſoient tellement vnis &
liez, qu'on n'y puiſſe remarquer aucune repugnance &

contre-

contradiction . Cela ce dit parce que cy-deſſus vous auez
remonſtré que voſtre abolition deuoit eſtre entretenuë &
obſeruee comme vne loy ſacree , maintenant vous dittes
qu'il ne ſe faut informer des raiſons ſur leſquelles voſtre a-
bolition eſt fondee : ce qui repugne non ſeulement à voſtre
dire, mais à la raiſon & à la loy, comme tellement relatifs que l'vn ne peut eſtre ſans l'autre. La raiſon eſt l'a-
me de la loy & l'eſprit qui luy donne force & vertu,
de laquelle vniuerſellemeut vnchacun eſt informé : &
conſequemment ce ſeroit vne abſurdité de dire qu'il ne
ſoit permis de s'informer de la raiſon de voſtre abolition,
puis que vous auez touſiours crié & remonſtré cy deſſus,
qu'elle doit ſeruir de loy inuiolable.

A la verité on demeure d'accord qu'il n'eſt expédient
d'éplucher les ſecrets du Prince, comme les reliques de l'E-
ſtat, auſquelles il ne faut toucher ny plus ny moins qu'à v-
ne choſe ſaincte & ſacree. Mais il y a grande difference
entre vne abolition & vn fait d'Eſtat, parce que l'abolition
eſt ſemblable à la confeſſion, & vne maxime d'Eſtat à vne
choſe ſi ſouuerainement iugee, qu'il n'eſt permis s'informer
du pourquoy ny de la raiſon, parce qu'on ſçaiſt que tout
exemple qui eſt grand & important à la liberté, repos &
conſeruation du publiq, le plus ſouuent tient quelque
choſe à la deſolation du particulier : ce qui fait qu'on ſe
contente ſans autre information, d'obeyr à la volonté
abſoluë du Prince. Au contraire au fait d'abolition, ne ſe
trouuera iamais qu'il ne ſoit ordonné s'informer exactemēt
des raiſons d'icelle, dautant qu'elle eſt inutile ſans eſtre en-
therinee, la pourſuite duquel entherinement ne ſe fait ſans
vne preallable cognoiſſance de cauſe, ſpeculation des raiſons & motifs du Prince, & ſans ſur le tout ſuiure les loix,
les ordonnançes, & les formes preſcriptes par la Iuſtice.

Auſſi à bonne & iuſte cauſe l'on a dit que toute abolitiō
eſt ſemblable à la confeſſion : car tout ainſi que la confeſſion ſi n'eſt entiere ne peut ſeruir à celuy qui la prononce
que de condamnation : Pareillement auſſi vne abolition

Abolitiō
ſemblable
à la con-
feſſion.

H

fi le fait n'eft veritablement declaré & fpecifié, ou fi l'on fupprime ou penfe couurir au Prince quelques malefices & excez, il eft certain que l'impetrant de telles abolitions eft exemplairement puny pour auoit voulu furprendre & violenter la religion du Prince, & abufer de fa Iuftice. Or de prendre voftre abolition pour vn fait d'Eftat, & confequément qu'il ne fe faut informer des raifons d'icelle, c'eft vne pure abfurdité ; aprenez s'il vous plaift qu'il n'y a rien de femblable, & que la liberté, le repos, & la conferuation du publiq & de l'Eftat, fera voftre chaftimět : & la cognoiffance de vos abus & maluerfations, la felicité & le bonheur du Royaume.

Mais ie croy, ô financiers, que quand vous parlez qu'il ne fe faut informer des raifons de voftre abolition, c'eft par enigme, & que par ces paroles vous voulez tacitement faire entendre qu'il ne faut penetrer aux fecrettes raifons de vos vies & de vos actions, parce que vous iugez bien qu'eftant exactement recherchees & confiderees, l'on y trouuera non feulement mille larcins & concufsions, mais vos biens & vos fortunes acquifes *per faltum*, comme les intruz aux benefices. Ce que vous tefmoignez quand vous dittes ces paroles marques de vos apprehenfions. *Que ne deuez porter la peine des defordres que la confufion des troubles du Royaume auoit produit, & que fi l'on enfonçoit telles recherches il faudroit appeller à garand les ordonnateurs.* Defirant par icelles vous difpenfer de recherche, foit pour couurir vos malefices fous pretexte de defordre, foit par vos richeffes immenfes, en vertu defquelles vous trouuez des hommes fi defnaturez qui canonifent vos iniuftices, & authorifent le couretage de vos deportemens : foit que comme Dieux en vos maifons ou les idoles de la terre, vous croyez eftre exempts de Iuftice & de recherche, & ainfi eftre plus que les Roys qui fe foufmettent à leurs Iuftices, foit pour mettre en butte & en face les ordonnateurs, pour empefcher fous le manteau de leur authorité qu'on ne vienne à l'efpeculation de vos vies, par ce moyen violenter le Roy & fon

Conseil, entant que par le mot des ordonnateurs, semble que voudriez persuader & induire quelque mescontentement, sous pretexte des secrettes impressions & sollicitatiõs d'vne recherche contre eux ou leurs heritiers : & par ainsi au preiudice du seruice du Roy, & de son Estat, estourdir vne si genereuse poursuite, & vn effect glorieux & remarquable de Iustice.

Sçachez donq, ô fianciers, que tant s'en faut que le soupçon en tombe seulement sur les ordonnateurs, qu'au contraire Beaufort offre verifier en ladite Chambre de Iustice pour plus d'vn million de liures de faux acquits, qui ont esté faits depuis la mort de plusieurs Mareschaux de France, Maistres de Camp, Gouuerneurs, Capitaines, Gentilhommes & autres, desquels l'on a non seulement contrefait & falsifié les seings, mais aussi des Princes du Sang : Tellement que ce seront les ordonnateurs ou leurs heritiers qui se ioindroient aux poursuites de Beaufort, tant pour releuer l'honneur & reputation de leurs ancestres, & faire voir les grandes & immenses sommes de deniers qui ont esté pillees & vollees sous leur nom, que pour faire faire le procez ausdits officiers de finance.

Considerez donq comme pour ce chef vous ne pouuez vous dispenser de recherche, & que Beaufort prend ce faict pour vn des moyens, outre les susdits contre vostre abolition pour monstrer qu'elle est nulle, pour auoir supprimé au Roy & à son Conseil les larcins par vous commis, sous le nom desdits ordonnateurs.

Quant aux autres raisons alleguees par lesdits officiers de finance en leursdites remonstrances ne meritét response, parce qu'elles tombent à la deprecation & compassion, laquelle n'a point de lieu au vray temple de Iustice. Car puis que par leur confession la raison est l'ame de la loy, la guide & conduite du Prince, comme celle qui modere toutes choses selon les temps, les lieux & les personnes, il faut iuger à la rigueur de la loy & de la raison, & non conformement aux frauduleuses apparences des officiers de finance.

Beaufort donc ſe remet aux raiſons deſduites aux reſponſes ſuſdites, confirmees des plaintes publiques qu'on a
veu & entendu à la tenuë des Eſtats, contre leſdits officiers de finance, verifiees par les denonciations faites
en la Chambre des comptes, iuſtificatiues de leurs larcins
& maluerſations, indeciſes faute de Iuges, & de l'eſtabliſſement de ladite Chambre de Iuſtice : & approuuees par
les loix & ordonnances du Royaume qui condamnent les
faulſaires ; que Beaufort a touſiours religieuſement obſerué en la continuation de ſes pourſuites.

Pour concluſion, Beaufort eſt receu par les Ediĉts & ordonnances à faire ſes denonciations, receu à les pourſuiure
ſuiuant l'intention du Roy, ſes lettres patentes & arreſts de
la Chambre pour la conſeruation de ſon Eſtat, repos, ſoulagement & liberté de ſes ſubiets, cognoiſſance des abus &
maluerſations qui ſe commettent au fait des finances, &
chaſtiment des meſchants. Et conſequemment qu'il eſt
bien fondé aux requeſtes par luy preſentees en ladite Châbre, & que ſans auoir eſgard aux friuoles remonſtrances
deſdits officiers de finance, qu'il doit eſtre procedé à l'eſtabliſſement de ladite Chambre de Iuſtice ſuiuant la requiſitiõ des Eſtats, l'expreſſe parole du Roy, & l'art. 6. du dernier
Ediĉt de pacification, verifié en la Cour le 13 Iuin, dernier,
& cependant à la verification des denonciations faites & à
faire par ledit Beaufort, & contre les coulpables conformement aux ordonnances & à l'arreſt du Conſeil donné à
Tours le 18. Mars, an preſent 1616. Priant les officiers de finance de conſiderer : que le Ciel ores qu'il n'aye point des
yeux, ny de langue pour ſe plaindre contre ceux, qui abuſans de ſa lumiere l'employent pluſtoſt au mal qu'au bien:
ſi eſt-ce qu'ils en ont laiſſé pour eux au ſoleil de Iuſtice, l'œil
de l'Vniuers, pour faire voir clair iuſques au plus profond
du cœur, les aĉtions des perſonnes à la confuſion des meſchans, & conſolation des bons.

BEAVFORT.

A NOS.

A NOSSEIGNEVRS
des Comptes .

VPPLIE humblement Iean de Beaufort, difant, Que les heritiers de M.Iean du Tremblay, M.Ieã Habert & autres financiers denoncez par le fuppliant, en haine de ce qu'il auroit cotté fuiuant voftre arreft du 22. Septembre dernier, pour trois cents mil liures de parties fingulieres de faux employz, paffez és comptes dudit. du Tremblay, des annees 1594. & 96. Auroient induit , fuborné & pratiqué vn nommé Iean Bouuot dés le mois de Nouembre dernier, pour accufer le fuppliant d'auoir empoifonné feu Nicolas Bouuot premier mary de fa femme. De cefte fubornation, pratique & calomnie, iceluy fuppliant ayant efté aduerty: pour le repos, hõneur & tranquillité de fa famille, cognoiffance de la verité & de fon innocence, auroit fait plainte & informer par deuant le Bailly du Temple, & fur l'information obtenu decret de prife de corps à l'encontre duditBouuot, en vertu duquel ayant efté apprehendé, ouy, interrogé & les tefmoins recollez & confrontez, fe voyant deüement attaint & conuaincu de calomnie & fubornation, bien affeuré que le fuppliant auoit preuue litterale de fon innocence, outre celle qu'il auoit faite par tefmoins, afin d'empefcher le iugement de fon procez, fe feroit porté pour appellant tant du decret que de la procedure , dont l'appel eft pendant & indecis en la Cour de Parlement. Et bien qu'ils n'ayent trouué iufques à prefent aucune preuue felon leur intention : ce neantmoins fous pretexte que par la longuéur du temps ils pourroiẽt pratiquer & fuborner quelques faux tefmoins pour interrompre la verification & continuation de l'inftruction de ladite de-

I

nonciation . Ils fe vantent publiquement auoir obtenu
decret contre le fuppliant, cuidās par le moyen de fon em-
prifonnement le faire perdre par poifon, affaſſin ou autrement,& le pourfuiure par contumace en laChambre,& iuger comme calomniateur . Occafion que iceluy fuppliant
a vn tres-grand intereſt en fon particulier, outre celuy du
feruice du Roy & du publiq, de faire voir & cognoiſtre
tant la verité de fes denonciations, que la faulfeté de ladite
accufation, comme il fit en l'annee 1607. lors de l'eſtabliſſement de la Chambre de Iuſtice, que ledit du Tremblay, Ie-
rofme Garrault & autres denoncez fubornerent vn nommé
Saffart & trois domeſtiques dudit fuppliant,moyennāt quatre mil efcus pour le faire accufer de quelques faulfetez, &
d'auoir voulu empoifonner fefdits domeſtiques, où en fin
fon innocence fut cogneuë: ledit Garrault en fuite, & condamné à mort par contumace, ledit du Tremblay & les ac-
cufateurs emprifonnez, & euſſent eſté punis exemplairement fans la grace generale du feu Roy.   A bonne & iuſte
caufe le fuppliant a eſté confeillé vous reprefenter tres-hū-
blement, Noſſeigneurs, pour vne cognoiſſance publique
de fon innocence, & preuue infaillible & concluante de la
faulfeté de ladite accufation.   Premierement l'eſtat de fa
perfonne lors de la maladie & du deceds dudit Bouuot, qui
eſtoit que le 20. Mars 1603. le fuppliant fut inuité à foupper
par ledit Bouuot pour traitter d'affaires auec luy, pource
qu'il auoit acheté fon eſtat & office de receueur des tailles
de Prouins. Or ce foupé fut fuiuy d'vn fi mauuais rencontre, qu'à l'iſſuë d'iceluy le fuppliant fe trouua tellement
faify & furpris de maladie, que peu de iours apres il fe vid
abandonné des medecins, ayant fon recours à Dieu & aux
Sacrements de l'Eglife, qui auroit eſté caufe qu'iceluy Bouuot recognoiſſantle fuppliant eſtre à l'article de la mort, le
27. dudit mois de Mars,fe feroit faify & emparé des cōpro-
mis, procuratiōs & autres actes qu'il auoit fournis audit de
Beaufort & en mefme temps & mefme iour paſſé procuration *ad refignandum*, dudit office, pour le vendre de rechef

à M.François de Beaufort auſſi receueur des Tailles audict
Prouins. Or le lendemain 28. Mars, ledit Bouuot tomba
malade, & au lieu de penſer à ſa guariſon, voyant que la maladie du ſuppliant augmentoit, le 2.iour du mois d'Auril enſuiuant 6.iour de ſa maladie, paſſa autre procuration à vn
nommé Iean Blanche pour faire vête dudit office audit M.
François de Beaufort qui en paſſa le contract de vente le
lendemain 3.dudit mois par deuant Notaires, eſtimans ledit Bouuot & Blâche que le ſuppliant deuſt mourir le meſme iour, & en rapporter profit, mais le lendemain 4.iour
d'Auril ledit Bouuot deceda, dont ſe peut conclurre comme par l'eſtat de la perſonne du ſuppliant, iuſtifié par les
actes ſuſdits telle accuſation eſtre vne pure calomnie, n'y
ayant apparence quelconque qu'vne perſonne qui eſtoit
aux abbois de la mort, & qui n'attendoit que la grace de
Dieu euſt penſé à l'empoiſonnement d'vn autre. Secon-
dement ſi ladite accuſation eſtoit veritable, la mere dudit
Bouuot accuſateur, ſon frere aiſné & ſes ſœurs, en auroient
depuis 13. ans que ledit Bouuot eſt mort, infailliblement
pourſuiuy ledit Beaufort, & recherché la punition par toutes les voyes de la Iuſtice : mais ſçachans en leurs ames le
contraire, ſpecialement la mere qui y auoit intereſt plus
particulier, n'en auroit fait plainte ny pourſuite, parce que
elle auoit veu les medecins, chirurgiens & apoticaires qui
auoient aſſiſté, pencé, ouuert & embaſmé le corps de ſon-
dit fils, dont les vns viuent encores qui ont non ſeulement
dit & deſigné la maladie en Iuſtice depuis ceſte accuſatiõ,
auec le rapport du chirurgien qui lors fit l'ouuerture du
corps, mais le ſujet & cauſe de ſa mort. Outre ce la mere
n'euſt eu le ſoin de ſon enterremét comme elle a fait. Pour
vn troiſieſme, ayant eu ladite mere, freres & ſœurs procez
auec ledit de Beaufort, tant pour l'eſtat & office dudit feu
Bouuot ſon fils, que pour autres affaires, les haines reſpe-
ctiues furent entre eux ſi violentes qu'ils ſe firent empriſon-
ner les vns les autres, d'où l'on peut conclurre que ſi ladite
mere, les freres & ſœurs euſſent eu ſeulement le moindre

foupçon de tel excez, ou quelque indice & circonftance,
ils en euffent accufé le fuppliant, & les inftances euffont
efté criminelles non ciuiles, joint qu'elle n'euft tranfigé
deux ans apres le deceds dudit Bouuot fon fils, auec ledit
de Beanfort de tous leurs differens generalement quelcon-
ques ainfi qu'elle a fait. En dernier lieu, ladite mere
& ledit Bouuot accufateur auroient requis ledit fuppliant
par lettres miffiues, par eux recogneües, de plufieurs bons
offices d'aliance & d'amitié, mefmes en l'annee 1608. l'auroient inuité aux nopces de M.   la Faye Procureur en la Cour, lequel efpoufa vne des filles de ladite Bouuot.   Outre ce, le mefme Bouuot accufateur par lefdites
lettres miffiues des annees 1607. 609. & 610. fept ans apres la
mort de fon frere prié ledit fuppliant de s'employer pour
luy en plufieurs affaires, comme fon allié, auec toutes fub-
miffions, complimens & offres de feruice : Bref le fuppliant
a tant de rencontres & d'autres circonftances pour fon innocence, outre & par deffus les preuues litterales, pour verifier comme c'eft vne pure calomnie, inuentee malicieufement par lefdits officiers de finance, qu'il n'en peut efpe-
rer (par la grace de Dieu & la Iuftice) que toute forte d'ef-
clairciffemét auec vn chaftiment exéplaire, tant de l'accufateur que des auteurs de l'accufation clairement nómez &
defignez, ainfi que le fuppliât pretend par l'information faite à fa requefte contre ledit Bouuot, voire par les propres
tefmoins par eux recherchez, & qu'ils ont voulu fuborner
& corrompre, outre les fommes de deniers qui feront iu-
ftifiees en fon temps, qu'ils ont payees & acquittees, tant
pour ledit Bouuot accufateur, que pour Iaques Bouuot fon
frere, qui a fait amende honorable, & a efté banny par fentence du fieur Lieutenant criminel pour fes infignes faulfetez, duquel ils fe feruent neantmoins pour le faire agir
feulement l'ayant recogneu incapable d'accufer comme
banny. Lequel ayant efté depuis dix iours deux fois em-
prifonné, faute d'obferuer fon ban, lefdits financiers l'ont
fait fortir par leur faueur, & à caufe de ladite condamnatiõ
                                        de ban-

de bannissement auroiét choiñ ledit Iean Bouüot son puis-
né, à present prisonnier pour six mil liures & plus, qui sous
pretexte de belles promesses croyãt s'acquiter & s'enrichir,
du sang de l'innocent, s'est laissé tenter, corrompre, forcer,
à faire ladite plainte : au moyen de laquelle, & des brigues
que lesdits financiers accusez font en la poursuitte d'icelle,
se iactent d'auoir obtenu decret contre le suppliant. Or
n'estant raisonnable que pour vne accusation litteralement
iustifiee faulse & calomnieuse, que les veritables denonciations du suppliant demeurent inutiles au tres-grand preiudice du seruice du Roy & de son intention, qui a tousiours
esté de donner seur & libre accez aux denonciateurs, qui
verifient les larcins faits du tresor publiq, pendant l'instru-
ction & iugemens de leurs denonciations, en les mettans
sous sa sauuegarde, suiuant plusieurs ses Edicts & declarations verifiees en ladite Chambre. Ce consideré, nosseigneurs, veu lesdites pieces cy ioinctes iustificatiues de l'innocence du suppliant & de ce que dessus, & attendu qu'en
l'accusation de l'annee 1607. par ordonnance specialle de
Monseigneur le Chancelier, le suppliant fut mis en la garde de M. Chesneau greffier de la Preuosté de
l'Hostel, pour euiter à la poison ou assassinast qu'ils eussent
peu faire de sa personne, s'il eust esté emprisonné, ainsi
qu'ils ont encores dessein à present : Et qu'il n'a autre desir
que de se iustifier de telle calomnie & verifier les faulsetez
& parties singulieres par luy baillees par estat iusques à trois
cents mil liures, faulsement employees és comptes dudit du Tremblay desdites annees 94. & 96. Contre lequel
il a fait son inscription en faux au greffe de ladite Chambre,
& en outre d'en verifier pour plus d'vn million de liures
contre plusieurs autres officiers comptables. Il plaise
de vos graces ordonner qu'iceluy suppliant sera pareillement mis en la garde de deux huissiers de la Chambre, ou
du Preuost de l'Isle, pour le representer & ester à droit
quand besoin sera par deuant le Lieutenant criminel pour
sa iustification, nosseigneurs du Parlement, & en la Chã-

K

bre par deuant vous, pour la continuation de l'inſtruction
de ſa denonciation. Offrant en outre ſur ce bailler bonne & ſuffiſante caution, de ne quitter la pourſuite de télle
faulſe accuſation, à peine d'eſtre deüement attaint & conuaincu de calomnie & des cas à luy impoſez, ſi mieux n'ai-
me ladite Chambre ſurſeoir ladite pourſuitte, faite à l'encontre dudit dé Beaufort pour le regard de ladite denonciation, iuſques à ce qu'autrement par ſa Maieſté & ſon
Conſeil en ayt eſté ordonné. Signé, de Beaufort,
& Collo, ſuiuant les arreſts de la Chambre.

Et au deſſus de ladite requeſte eſt eſcrit, *Soit monſtré*
au Procureur general du Roy. Fait au bureau, ce 19. Feurier 1616.
Signé, Du Lac. Au bas de laquelle requeſte eſt eſcrit, *Le*
Procureur general du Roy declare, qu'il n'a autres concluſions à pren-
dre ſur la preſente requeſte, contenant pluſieurs faits qui regardent
la Iuſtice ordinaire criminelle, que celles priſes par luy par deuant
meſſieurs les Commiſſaires, ſur leſquelles requiert la Chambre luy eſtre
fait droiƈt. Signé, L'Huillier.

Arreſt de la Chambre.

VEu ladite requeſte, concluſions du Procureur du Roy,
La Chambre a ordonné, que ledit ſuppliant ſe retirera
par deuers le Roy en ſon Conſeil, pour luy eſtre pourüeu
ſur le contenu en la preſente requeſte, fait au bureau ce 23.
iour de Feurier, 1616. Signé, Du Lac. Preſens Meſſieurs
Nicolai, Deſarches, Danguerre, Preſidents. Le Conte,
le Preuoſt, le Picart, Texier, Laiſné, Guibert, Briſſon-
net, Paris, Creuecœur, Lambert, maiſtres.

VR la requeste presentee au Roy en son Con
seil par Iean de Beaufort, cy deuant commis en
l'ordinaire des guerres, tendant à ce qu'il pleust
à sa Majesté, le receuoir en sa protection &
sauuegarde, pour continuer en toute seureté
de sa personne, la poursuite des denonciatiõs par luy com-
mencees en la Chambre des comptes de Paris, contre certains particuliers officiers des finances, & ce faisant ordonner qu'il seroit mis en la garde de tels archers du grand Preuost qu'il plaira à sadite Maiesté, pour l'assister & representer en Iustice & en tous lieux où besoin sera. Outre ce, e-
uoquer au Conseil le different pendant entre ledit Beaufort
& Iean Bouuot, & que le procez, charges & informations
faites de part & d'autre seroient apportees au greffe du
Conseil, auec defences tant à la Cour de Parlement que
Lieutenant criminel de Paris, de cognoistre du different
des parties. Et à tous huissiers d'emprisonner ledit Beaufort, iusques à ce que par sa Maiesté en son Conseil en ait
esté ordonné. VEV ladite requeste, Edict de l'establissement de la Chambre de Iustice du mois de Ianuier, 1607.
Autre Edict de reuocation de ladite Chambre du mois de
Septembre, audit an. Lettres patentes du Roy Henry IV.
du 25. Octobre, 1609. par lesquelles sa Maiesté auroit ordonné & declaré comme elle auroit reserué le faux & double employ, à cest effect donné vn an de delay à tous officiers comptables de rendre & restituer les deniers de ceste nature & de les porter és mains du tresorier de l'Espar-
gne. Et à faute de ce faire, declare lesdits officiers
comptables descheuz tant de la grace que de la remise du
double & quadruple porté par le susdit Edict de reuocatiõ,

Autres lettres patentes du Roy du 8. Aouſt 1611. confirma-
tiues des precedentes contenant autre terme de ſix mois
pour toutes prefixions & delays, pour la reſtitution deſdi-
tes parties faulſement employees, lequel paſſé, ſa Maieſté
auroit receu tous denonciateurs a defferer en Iuſtice les
comptables, auec aſſeurance du quatrieſme denier de tout
le profit qui prouiendroit des condamnations, en faiſant
les fraiz. Arreſt de la Chambre des comptes de Paris du
22 Septembre 1615. par lequel ladite Chambre auroit receu ledit Beaufort à cotter les parties ſingulieres employez
ez comptes de ceux qu'il a denoncez. Deux parties ſingulieres cottees par ledit Beaufort des faux employz trouuez
és comptes de M. Iean du Tréblay des annees 1594. & 96.
iuſques à la ſomme de trois cents & tant de mil liures. Requeſte preſentee par les denoncez en ladite Chambre, le
6. Octobre audit an, 1615. tendant à ce que ledit Beaufort
ſoit condamné en leur reparation honorable, ſignifiee audit Beaufort, le 12. dudit mois. Autre arreſt du 11. Ianuier,
1616. donné en ladite Chambre ſur les recuſations propo-
ſees par ledit Beaufort. Autre arreſt du 16. dudit mois de
Ianuier, par lequel ladite Chambre auroit ordôné d'abon-
dant que pour le regard des parties pretendues par ledit
Beaufort faulſement employees auparauant l'abolition des
financiers, qu'il cottera preciſément les parties ſingulieres,
ſuiuant le ſuſdit arreſt du 22. Septembre. Et pour le regard
des faits mis en auant depuis ladite abolition qu'il ſe pour-
uoira par les voyes de droict. Ordonnance des ſieurs Du-
Lac & Creuecœur, Commiſſaires du 21. Feurier, 1616. par
laquelle eſt enioint audit Beaufort de comparoiſtre par deuant eux, pour indiquer les acquits qu'il eſtime faux Acte
dudit Beaufort contenant ladite indiquation. Arreſt de la
Chambre du 22. Feurier enſuiuant, par lequel il eſt receu à
bailler ſes moyens de faux. Requeſte preſentee par Iacques
Cheſneau greffier en la Preuoſté, en l'annee 1607. pour luy
eſtre fait taxe de la garde dudit Beaufort. Requeſte preſentee par iceluy Beaufort en ladite Chambre ſur la calomnie
a luy

à luy impofee par ledit Iean Bouuot, pour eftre mis en la garde de tels huiffiers qu'il plairoit à ladite Chambre. Arreft fur ladite requefte par lequel ledit Beaufort eft renuoyé par deuers fa Maiefte en fon Confeil, pour luy eftre pourueu, du 23. dudit mois de Feurier. Procez verbal fait à la requefte dudit Beaufort du 4. Ianuier dernier, par deuant le bailly du Temple, contenant l'audition des medecins, chirurgien & apoticaire, qui ont pancé, affifté & ouuert le corps de feu Nicolas Bouuot, & comme ledit Bouuot eft decedé d'vne pleurefie. Tout confideré. LE Roy en fon Confeil a ordonné & ordonne, que ledit Bouuot fera affigné en iceluy dans vn mois aux fins de la prefente requefte, pendant lequel temps ledit Beaufort fera apporter au greffe dudit Confeil les charges, informations & procedures refpectiuement faites, & qu'à ce faire les greffiers & commiffaires feront contraints par toutes voyes deües & raifonnables. A mis & met ledit Beaufort en la garde de l'vn des archers du grand Preuoft de l'Hoftel, à la charge de le reprefenter toutesfois & quantes que par le Confeil fera ordonné. Fait defenfes à tous huiffiers & fergens de mettre à execution contre ledit Beaufort aucuns decrets, pour raifon dudit different, circonftances & dependances, à tous Iuges d'en prendre aucune cognoiffance, & aux parties de s'y pouruoir, à peine de nullité, caffation de procedures, defpens, dommages & interefts, iufques à ce que par fa Maiefté en fon Côfeil en ait efté autrement ordonné : Ordonne neantmoins fadite Maiefté que ledit Beaufort côtinuera les pourfuittes de fes denonciations en ladite Chambre des comptes de Paris, Fait au Confeil priué du Roy tenü à Tours, le 18. iour de Mars, 1616.

Signé,   **DE LA GRANGE.**

L

Extraict des regiſtres du Secretaire de laChambre de la Nobleſſe, deliuré au ſieur de Parracy, pour luy ſeruir ainſi qu'il iugera à propos, du neufieſme iour de Nouembre, mil ſix cents quatorze.

V R la propoſition du ſieur du Parc, faite le 9. iour de Nouembre, 1614. Apres que les Commiſſaires par luy choiſis ont eu examiné les memoires concernans les abus & maluerſations commiſes aux finances du Roy, à luy baillees par ledit ſieur de Parracy, en ayant fait le rapport à la Chambre a eſté arreſté qu'il ſeroit enuoyé vers meſſieurs du Clergé, & Tiers Eſtat pour les prier ſe ioindre aueq eux, pour ſupplier ſa Maieſté vouloir eſtablir vne chambre de Iuſtice, pour la punition & reformation deſdits abus, à quoy s'eſtans ioints les deux autres ordres, ils deputèrent en corps vers ſa Maieſté à ceſt effect. Et ayant eſté reiterees par pluſieurs fois pareilles deputations vers ſa Maieſté pour l'eſtabliſſement de la ſuſdite chambre de Iuſtice, l'ayant iugee & eſtimee neceſſaire, vindrent par le commandement de ſa Maieſté en la chambre Meſſieurs le Preſident Ieannin controolleur general des finances, Maupeau, Arnault & Dolé intendans,

Monſieur le Preſidēt Ieannin promet de la part du Roy lachā bre de Iuſtice. *où ledit ſieur Preſident Ieannin, entre autres choſes dont il eſtoit chargé de ſa Maieſté, les aſſeura de ſa part qu'il leur accordoit l'eſtabliſſement de la Chambre de Iuſtice, auſſi toſt les cahiers preſentez, faiſant choix des perſonnes dans les compagnies ſouueraines, pour en eſtre Iuges ſelon l'aduis qui luy en ſera donné par les Eſtats en faueur de la Nobleſſe: de laquelle ſa Maieſté eſtimera beaucoup les aduis & les conſeils qui luy en ſeront donnez pour la reformation deſdits abus.*

Et en ſuitte de ce a eſté perſeueré par ladite Nobleſſe à ſupplier tres-humblement ſa Maieſté d'accorder l'e￭

ſtabliſſement de ladite chambre preſentement, & qu'il pleuſt à ſa Maieſté y admettre tel nombre du corps des Eſtats, & particulierement de l'ordre de la Nobleſſe, afin qu'ils ne fuſſent iugez incapables de telles commiſſions, & peu affectionnez au bien & vtilité de ſon Eſtat, eſtimant que la compoſition de ladite chambre ne pouuoit eſtre faite qu'a leur honte, s'il n'y eſt admis de leur ordre, ne deſirans ceſt honneur que pour y ſeruir ſa Maieſté en vrays François, ſes fideles & tres-obeiſſans ſubiets.

Et enſuiuant le Lundy 16 Feurier, 615. auroit eſté requis par ledit ſieur de Parracy, qu'il pleuſt à la compagnie dõner des commiſſaires pour proceder à l'examé d'vn liure compoſé par Maiſtre Iean de Beaufort, intitulé, *Le Treſor des Treſors de France vollé à la Couronne, par les incognues faulſetez artifices & ſuppoſitions commiſes par les principaux officiers de finance, deſcouuert & preſenté au Roy LOYS XIII. en l'aſſemblee des ſes Eſtats generaux, tenus à Paris, en l'an 1614. par Iean de Beaufort Pariſien, auec les moyens d'en retiſ pluſieurs millions d'or, & ſoulager ſon peuple à l'aduenir.* Lequel liure ayãt eſté mis ez mains de Monſieur de Beauuais Nangy l'vn des ſix commiſſaires deputés pour l'examen d'iceluy, auroit fait raport à la compagnie n'auoir rien recogneu audit liure qui fut contre le ſeruice du Roy & bien de l'Eſtat, ains grandement vtile & neceſſaire : que ledit liure ſoit veu publiquement, pour faire cognoiſtre à vnchacun les abus & maluerſations commiſes auſdites finances, & qu'auec iuſte raiſon nous auons perſiſté à demander l'eſtabliſſement de ladite chambre. Fait le 9. iour & an que deſſus.

Signé,

De BAVFFREMONT SENECEY, &

RAIMONT de MONTCASSIN.

L ij

E ſieur de Parracy a faiɬ entendre à la compagnie dont la teneur eſt eſcrite & ſignee de ſa main & demeuree au greffe. Sur quoy deliberé il aeſté arreſté à la pluralité de voix qu'il luy ſeroit baillé Monſieur de Beauuais Nangy, Vidaſine de Chartres, Gommeruil-le, Cahidene, Murnies & du Bellay pour commiſſaires a examiner vn liure intitulé, *Le Treſor des Treſors de France yoll-lé à la Couronne, par les incognues faulſeteʒ, artifices & ſuppoſitions commiſes par les principaux officiers de finance, deſcouuert & preſenté au Roy LOYS XIII. en l'aſſemblee de ſes Eſtats yeneraux, tenus à Paris en l'annee preſente, par Maiſtre Iean de Beaufort Pariſien, auec les moyens d'en retirer pluſieurs millions d'or, & ſoulager ſon peuple à l'aduenir.* Lequel liure a eſté mis ez mains de Monſieur de Beauuais Nangy, l'vn des ſuſdits commiſſaires, pour apres l'examen fait, en faire le rapport à la chambre, & rapporter ledit liure au greffe, & de ce deſſus en expedier acte audit ſieur Paracy.

Depuis, ledit ſieur Paracy a deſiré de la compagnie que la clef de ſon cabinet luy fut renduë, & que les liures ſaiſis luy demeurent és mains, & que pour ceſt effeɬt il ſoit enuoyé vers Monſieur le Chancelier aux fins de ce deſſus, attendu qu'il eſt domicillié dans Paris, & qu'eſtant Gentilhomme, il ne merite pas vn traittement ſi rude, pour n'auoir intention que de ſeruir le Roy, & que Beaufort ſoit mis en la garde de deux archers de la Preuoſté, pour reſpondre du contenu en ſon liure, & auſſi qu'il y ſoit mis pour la ſeurté de ſa perſonne. Il a eſté arreſté à la pluralité de voix qu'il ſera enuoyé au Roy pour faire plaintes, que contre les formes ordinaires vn Preuoſt accompagné de pluſieurs archers, ſans commiſſion ſeroit allé en la maiſon d'vn Gentilhomme

hõme faifir fes papiers & vouloir feeller fon cabinet,&mef-
me laiffer les archers dans fa maifon , fous pretexte d'vn liure contre les maluerfations des officiers de finance, lequel
il faifoit imprimer pour le mettre entre les mains de Monfieur le Prefident Ieannin, pour eftre examiné ainfi que par
ledit fieur Prefident luy auoit efté ordonné, luy en ayant
precedemment communiqué , & mefmes de ce que ledit
Preuoft demanda Maiftre Iean de Beaufort pour le prendre & l'arrefter, en haine de ce qu'il auoit fait propofer aux
Eftats de demander l'eftabliffement d'vne chambre de Iuftice. Et ont efté enuoyees fix deputez des Prouinces com-
muniquer ce deffus à Meffieurs du Clergé, & a efté rapor-
té qu'ils en delibereroient & le feroient fçauoir, & fur leur
enuoy vers la chambre, fut refolu d'enuoyer vers Monfieur
le Chancelier fix autres deputez, ce que fut executé.

Monfieur de Beauuais Nangy vn des commiffaires pour
exâminer le liure de Beaufort, a rapporté n'y auoir efté trouué rien de contraire au feruice de Dieu ny du Roy, ains
pour le bien de l'Eftat , tres-neceffaire que ledit liure foit
veu d'vn chacun.

*Deliuré le prefent acte audit fieur de Paracy, pour luy feruir
ainfi qu'il iugera à propos , par moy Secretaire de la Chambre de la
Nobleffe, le 20. iour de Feurier, 1615.*

Signé.

De BAVFFREMONT SENECEY, &

RAIMONT de MONTCASSIN.

M

Extraict à la minute originale de l'vnziesme article du cahier general presenté au Roy par Messieurs les deputez de la Noblesse, contenant ces mots.

OSTRE Maiesté ayant accordé aux Estats de voftre Royaume l'establissement d'vne chambre de Iuftice, pour la correction des abus & maluersations commises au maniment de vos finances Il leur refte cefte tres-humble supplication à faire, que comme la censure des vices la plus prompte eft la meilleure, aussi il plaira à voftre Maiefté establir au pluftoft ladite Chambre, & la composer en partie de quelque nombre des deputez des trois ordres de la presente assemblee, sans qu'elle puisse eftre reuocquee par composition ou prix d'argent, comme il a efté fait par le passé, & qu'il ne soit fait don à qui que ce soit des deniers prouenants desdites recherches, ains feront, s'il plaift à voftre Maiefté, lesdits deniers employez, au remboursement des offices supernumeraires, dont la suppression eft extremement necessaire, atendu la diminution qu'ils apportent au reuenu de vos finances.

L'extraict du present article a efté deliuré par moy Secretaire de la Chambre de la Noblesse à Monsieur de Paracy, pour luy seruir ainsi qu'il iugera à propos. Fait ce 4. iour de Mars, 1615.

Signé,

RAIMONT de MONTCASSIN.